杭州优秀传统文化丛书
Hangzhou Youxiu Chuantong Wenhua Congshu

文物悄悄话

叶精灵儿 —— 著

杭州出版社

图书在版编目（CIP）数据

文物悄悄话 / 叶精灵儿著. -- 杭州：杭州出版社，2021.12
（杭州优秀传统文化丛书）
ISBN 978-7-5565-1614-8

Ⅰ.①文… Ⅱ.①叶… Ⅲ.①文物—介绍—杭州 Ⅳ.①K872.551

中国版本图书馆 CIP 数据核字（2021）第 223494 号

Wenwu Qiaoqiaohua

文物悄悄话

叶精灵儿　著

责任编辑	王　凯
装帧设计	章雨洁
美术编辑	祁睿一
责任校对	陈铭杰
责任印务	姚　霖
出版发行	杭州出版社（杭州市西湖文化广场32号6楼）
	电话：0571-87997719　邮编：310014
	网址：www.hzcbs.com
排　版	浙江时代出版服务有限公司
印　刷	天津画中画印刷有限公司
经　销	新华书店
开　本	710 mm×1000 mm　1/16
印　张	13.5
字　数	166千
版印次	2021年12月第1版　2021年12月第1次印刷
书　号	ISBN 978-7-5565-1614-8
定　价	58.00元

（版权所有　侵权必究）

序言

文化是城市最高和最终的价值

我们所居住的城市,不仅是人类文明的成果,也是人们日常生活的家园。各个时期的文化遗产像一部部史书,记录着城市的沧桑岁月。唯有保留下这些具有特殊意义的文化遗产,才能使我们今后的文化创造具有不间断的基础支撑,也才能使我们今天和未来的生活更美好。

对于中华文明的认知,我们还处在一个不断提升认识的过程中。

过去,人们把中华文化理解成"黄河文化""黄土地文化"。随着考古新发现和学界对中华文明起源研究的深入,人们发现,除了黄河文化之外,长江文化也是中华文化的重要源头。杭州是中国七大古都之一,也是七大古都中最南方的历史文化名城。杭州历时四年,出版一套"杭州优秀传统文化丛书",挖掘和传播位于长江流域、中国最南方的古都文化经典,这是弘扬中华优秀传统文化的善举。通过图书这一载体,人们能够静静地品味古代流传下来的丰富文化,完善自己对山水、遗迹、书画、辞章、工艺、风俗、名人等文化类型的认知。读过相关的书后,再走进博物馆或观赏文化景观,看到的历史遗存,将是另一番面貌。

过去一直有人在质疑，中国只有三千年文明，何谈五千年文明史？事实上，我们的考古学家和历史学者一直在努力，不断发掘的有如满天星斗般的考古成果，实证了五千年文明。从东北的辽河流域到黄河、长江流域，特别是杭州良渚古城遗址以4300—5300年的历史，以夯土高台、合围城墙以及规模宏大的水利工程等史前遗迹的发现，系统实证了古国的概念和文明的诞生，使世人确信：这里是古代国家的起源，是重要的文明发祥地。我以前从来不发微博，发的第一篇微博，就是关于良渚古城遗址的内容，喜获很高的关注度。

我一直关注各地对文化遗产的保护情况。第一次去良渚遗址时，当时正在开展考古遗址保护规划的制订，遇到的最大难题是遗址区域内有很多乡镇企业和临时建筑，环境保护问题十分突出。后来再去良渚遗址，让我感到一次次震撼：那些"压"在遗址上面的单位和建筑物相继被迁移和清理，良渚遗址成为一座国家级考古遗址公园，成为让参观者流连忘返的地方，把深埋在地下的考古遗址用生动形象的"语言"展示出来，成为让普通观众能够看懂、让青少年学生也能喜欢上的中华文明圣地。当年杭州提出西湖申报世界文化遗产时，我认为是一项需要付出极大努力才能完成的任务。西湖位于蓬勃发展的大城市核心区域，西湖的特色是"三面云山一面城"，三面云山内不能出现任何侵害西湖文化景观的新建筑，做得到吗？十年申遗路，杭州市付出了极大的努力，今天无论是漫步苏堤、白堤，还是荡舟西湖里，都看不到任何一座不和谐的建筑，杭州做到了，西湖成功了。伴随着西湖申报世界文化遗产，杭州城市发展也坚定不移地从"西湖时代"迈向了"钱塘江时代"，气势磅礴地建起了杭州新城。

从文化景观到历史街区，从文物古迹到地方民居，众多文化遗产都是形成一座城市记忆的历史物证，也是一座城市文化价值的体现。杭州为了把地方传统文化这个大概念，变成一个社会民众易于掌握的清晰认识，将这套丛书概括为城史文化、山水文化、遗迹文化、辞章文化、艺术文化、工艺文化、风俗文化、起居文化、名人文化和思想文化十个系列。尽管这种概括还有可以探讨的地方，但也可以看作是一种务实之举，使市民百姓对地域文化的理解，有一个清晰完整、好读好记的载体。

传统文化和文化传统不是一个概念。传统文化背后蕴含的那些精神价值，才是文化传统。文化传统需要经过学者的研究提炼，将具有传承意义的传统文化提炼成文化传统。杭州在对丛书作者写作作了种种古为今用、古今观照的探讨交流的同时，还专门增加了"思想文化系列"，从杭州古代的商业理念、中医思想、教育观念、科技精神等方面，集中挖掘提炼产生于杭州古城历史中灵魂性的文化精粹。这样的安排，是对传统文化内容把握和传播方式的理性思考。

继承传统文化，有一个继承什么和怎样继承的问题。传统文化是百年乃至千年以前的历史遗存，这些遗存的价值，有的已经被现代社会抛弃，也有的需要在新的历史条件下适当转化，唯有把传统文化中这些永恒的基本价值继承下来，才能构成当代社会的文化基石和精神营养。这套丛书定位在"优秀传统文化"上，显然是注意到了这个问题的重要性。在尊重作者写作风格、梳理和讲好"杭州故事"的同时，通过系列专家组、文艺评论组、综合评审组和编辑部、编委会多层面研读，和作者虚心交流，努力去粗取精，古为今用，这种对文化建设工作的敬畏和温情，值得推崇。

人民群众才是传统文化的真正主人。百年以来，中华传统文化受到过几次大的冲击。弘扬优秀传统文化，需要文化人士投身其中，但唯有让大众乐于接受传统文化，文化人士的所有努力才有最终价值。有人说我爱讲"段子"，其实我是在讲故事，希望用生动的语言争取听众。今天我们更重要的使命，是把历史文化前世今生的故事讲给大家听，告诉人们古代文化与现实生活的关系。这套丛书为了达到"轻阅读、易传播"的效果，一改以文史专家为主作为写作团队的习惯做法，邀请省内外作家担任主创团队，组织文史专家、文艺评论家协助把关建言，用历史故事带出传统文化，以细腻的对话和情节蕴含文化传统，辅以音视频等其他传播方式，不失为让传统文化走进千家万户的有益尝试。

中华文化是建立于不同区域文化特质基础之上的。作为中国的文化古都，杭州文化传统中有很多中华文化的典型特征，例如，中国人的自然观主张"天人合一"，相信"人与天地万物为一体"。在古代杭州老百姓的认知里，由于生活在自然天成的山水美景中，由于风调雨顺带来了富庶江南，勤于劳作又使杭州人得以"有闲"；人们较早对自然生态有了独特的敬畏和珍爱的态度。他们爱惜自然之力，善于农作物轮作，注意让生产资料休养生息；珍惜生态之力，精于探索自然天成的生活方式，在烹饪、茶饮、中医、养生等方面做到了天人相通；怜惜劳作之力，长于边劳动、边休闲娱乐和进行民俗、艺术创作，做到生产和生活的和谐统一。如果说"天人合一"是古代思想家们的哲学信仰，那么"亲近山水，讲求品赏"，应该是古代杭州人的生动实践，并成为影响后世的生活理念。

再如，中华文化的另一个特点是不远征、不排外，这体现了它的包容性。儒学对佛学的包容态度也说明了这一点，对来自远方的思想能够宽容接纳。在我们国家的东西南北甚至是偏远地区，老百姓的好客和包容也司空见惯，对异风异俗有一种欣赏的态度。杭州自古以来气候温润、山水秀美的自然条件，以及交通便利、商贾云集的经济优势，使其成为一个人口流动频繁的城市。历史上经历的"永嘉之乱，衣冠南渡""安史之乱，流民南移"，特别是"靖康之变，宋廷南迁"，这三次北方人口大迁移，使杭州人对外来文化的包容度较高。自古以来，吴越文化、南宋文化和北方移民文化的浸润，特别是唐宋以后各地商人、各大商帮在杭州的聚集和活动，给杭州商业文化的发展提供了丰富营养，使杭州人既留恋杭州的好山好水，又能用一种相对超脱的眼光，关注和包容家乡之外的社会万象。这种古都文化，也代表了中华文化的包容性特征。

城市文化保护与城市对外开放并不矛盾，反而相辅相成。古今中外的城市，凡是能够吸引人们关注的，都得益于与其他文化的碰撞和交流。现代城市要在对外交往的发展中，进行长期和持久的文化再造，并在再造中创造新的文化。杭州这套丛书，在尽数杭州各色传统文化经典时，有心安排了"古代杭州与国内城市的交往""古代杭州和国外城市的交往"两个选题，一个自古开放的城市形象，就在其中。

"杭州优秀传统文化丛书"在传统和现代的结合上，想了很多办法，做了很多努力，他们知道传统文化丛书要得到广大读者接受，不是件简单的事。我们已经走在现代化的路上，传统和现代的融合，不容易做好，需要扎扎实实地做，也需要非凡的创造力。因为，文化是城市功能的最高价值，也是城市功能的最终价值。从"功能城市"走向"文化城市"，就是这种质的飞跃的核心理念与终极目标。

2020年9月

（单霁翔，中国文物学会会长）

湖山佳趣图（局部）

目 录

001　引　言

第一章
湘湖良渚，文明之光

004　世界最古老的独木舟讲述着 8000 年前的故事
011　身披"神人兽面"纹饰衣服的玉琮王有它自己的骄傲
019　玉钺玉璧：我们也是良渚的精神象征

第二章
薪火之光，燃古杭州之域

028　西周印纹陶罐：吾从西周来，戴着百式纹
034　春秋伎乐铜屋：越音笙歌，鼓乐齐鸣
043　战国越王者旨於睗剑：孤一出鞘，谁与争锋？
048　战国水晶杯："穿越"千年，请君一杯水酒

第三章

入世之物，开启名郡钱唐

- 060　东汉青铜神人车马画像镜：骏马日行三万里，酣畅淋漓
- 067　东汉越窑青瓷钟：凝聚酒水潋滟之美
- 075　东汉黑釉人物龙虎瓶：形神俱足，釉瓷精品

第四章

稀世之珍，见证自唐而荣

- 084　唐钱镠金书铁券：心有铁券，陌上花开
- 094　五代吴越国鎏金铜释迦牟尼佛说法像：雷峰塔的镇塔之宝
- 101　五代吴越国鎏金银阿育王塔：来自雷峰塔，藏着佛舍利
- 108　五代吴越国"千秋万岁"铭鎏金银垫：凝聚祥和之气，护佑吴越之地

第五章

物华天宝，填筑富地之首、王朝之都

- 118　北宋"尚药局"款暗刻龙纹圆盒：身刻龙纹，蕴含医者仁心
- 122　南宋"招纳信宝"钱：不战而屈人之兵
- 128　南宋夏圭《山阴萧寺图》纨扇：临安园景为谁添？苍古简淡夏半边
- 133　南宋龙泉窑青瓷凤耳瓶：造于名窑，盛满王朝傲气

第六章
以精美之物，为天城扬名四海

140　元黄公望《富春山居图》卷（局部）：富春山水，跃然纸上

152　元龙泉窑舟形青瓷砚滴：点滴之间，即可留名

156　明鎏金银盖罐：身藏净慈寺，细听晚钟声

第七章
文澜为首，二开都会繁盛

162　明蓝瑛《层峦秋色图》轴：层峦秋色，染以丹砂

166　清文澜阁琉璃瓦残件：毗邻《四库全书》，徜徉知识之海

第八章
机杼诞生的美，编织着杭州最高的称谓"天堂"

176　清杭州织造局织品一组：红袖织绫夸柿蒂，青旗沽酒趁梨花

183　杭罗织机：纤纤素手过，织造杭罗成

191　着色像景《西湖》一组：山水浸染丝绸上，观之一瞬入西湖

引 言

杭州之美，不仅在湖光山色，也在文物之盛。自八千年前的跨湖桥遗址开始，一件件与杭城关联的文物不断地用自己的精美绝伦为杭州增光添彩。从粗糙到华美、从简约到繁杂、从远古时期到清末近代……一件件不同时期的文物故事串联起来的也正是杭州的历史发展轨迹。

文物，喜静，悄悄诉说自身所承载的历史。文物如史笔，为后人留下煌煌史册；文物如星辰，为人类永燃前行明灯。每一件收藏在杭州各大博物馆中的文物，都在用自己无与伦比的美彰显着杭州这座城在中华民族历史大发展的进程中所书写的每一笔；每一件凝聚了先贤心血又颇为幸运地留存至今的杭城文物，都在为杭州人文历史的这座大厦添砖加瓦。

以书中文物为线，可牵引出更多精美的杭州馆藏文物；以书中文物为眼，可一窥杭州在各个历史时期的灿烂与辉煌！

第一章

湘湖良渚，文明之光

世界最古老的独木舟讲述着 8000 年前的故事

独木舟,又被称作划艇,是一种用单根树干挖凿而成的小舟。因其制作简单、不易漏水、散架风险低,成为了人类最古老的水域交通工具之一。跨湖桥遗址出土的独木舟,现藏于杭州市萧山跨湖桥遗址博物馆,被称为"中华第一舟"。跨湖桥遗址自 1990 年 6 月以来,经历过三次考古发掘。其中,2002 年的发掘中,出土本节的主人公独木舟,经碳十四年代测定,距今8000—7000 年,是迄今为止我国境内出土年代最早的独木舟。独木舟残长 5.6 米,最宽 53 厘米,平均厚度 2—3 厘米,由整棵马尾松加工而成。在距离独木舟头部约 1 米的位置有一处面积较大的黑焦面,这处黑焦面可作为火焦法挖凿舟体的证据。

跨湖桥遗址,全称为跨湖桥新石器时代遗址,位于浙江省杭州市萧山城区西南约 4 千米的城厢街道湘湖村。由于古湘湖的上湘湖和下湘湖之间有一座跨湖桥,遗址因此而得名。跨湖桥遗址堆积厚度在 2—3 米之间,文化内涵完全区别于河姆渡文化和马家浜文化,是一种新的文化类型。跨湖桥遗址出土的栽培稻实物将浙江的栽培稻历史提前了整整 1000 年。而我们故事的主角——独木舟,也是迄今我国出土独木舟中年代最早的。跨湖桥遗

第一章　湘湖良渚，文明之光

跨湖桥遗址博物馆

址的发掘是浙江省新石器时代考古的一个重大发现，对研究浙江省早期新石器文化有十分重要的价值和意义。跨湖桥遗址的发现，再次有力地证明了杭州这片沃土也是中华文明的发源地之一。

在杭州湘湖这片风景胜地，曾经有座跨湖桥。当年风光无限的跨湖桥早已消失在历史长河之中。但代表这座桥、代表着跨湖桥文化的独木舟，依旧保存得相当完好。它用自己的存在告诉世人一个无可辩驳的事实——在杭州这块古老繁盛的美丽沃土上，曾在8000多年以前就拥有着让世界惊艳的史前文明。

我们有理由相信，生活在8000年前、代表着跨湖桥史前文明的先祖们，他们拥有睿智、善良、勤劳的品质。因为无论是在湘湖考古发掘出土的最早的木弓，还是先民们发明的慢轮制陶技术,都足以表明这群开创杭州文明先河的祖先们是多么有智慧,他们的聪敏和勤奋都在这些出土的文物中得到了展现。而我们的故事,就要从当时湖岸边那薄而光滑的独木舟开始讲起……

舟阿妹,是生活在8000年前湘湖边上的一位妙龄少女。年方二八的她,有一个疼爱自己的阿爹,有一个善良能干会制作陶罐的阿娘,还有一个会用木弓打猎的阿哥。

舟阿妹的阿爹是部落里最会造舟船的人。这天,部落里的族长来到舟阿妹家里找阿爹舟大郎。舟大郎与部落族长坐在家里仅有的两张土凳上,一旁的黄土台子上正摆放着舟阿妹阿娘准备的水煮鲤鱼。

在部落里,鱼是珍贵难得的,只有家里来了尊贵的客人才会上桌。毕竟要去那宽广的湖面上捕鱼,对部落的大好男儿来说是非常不容易的。

部落族长看着面前肌肉结实又双目炯炯有神的舟大郎,叹了口气:"大郎啊,之前阿三阿四他们去捕鱼……淹死在了湖里。"

听到这句话,乖巧地站在一旁的阿妹下意识地去看自己阿爹的脸色。果然,舟大郎在听了部落族长的话后,原本有神的双眼顿时黯淡了下来:"那……真是可惜了。阿三阿四都是好孩子,还没留下自己的血脉就……"

部落族长手里攥着一个光滑的黑色陶器来回地磋磨着,显示出他现在的紧张与不安。抿了抿有些干裂的嘴唇,部落族长还是开口说出了自己此行拜访的真正目的:"大郎啊,你之前制作的木舟确实很好。可……每次能坐在里面出去捕鱼的人却太少啊！如今天气越来越冷，再不多储备些食物，这个冬天……咱们部落可怎么过啊？那么多的女人和孩子都等着冬天的食物呢。"

舟阿妹听到这里，突然回想起阿爹曾经制舟时的辛苦，当她想到阿爹那流血的手臂和手背上的裂口时，再也忍不住冲动地上前插了句："可是阿爹，冬天马上就要来了。你做长舟也来不及啊！而且你的手都受伤了，才被阿娘用药草治好……"

舟大郎听到自己女儿的劝阻，脸色陡然一沉，一声闷吼带着几分怒意响起："我有自己的主意，你还是个孩子，不要插嘴。"说到此，舟大郎转头重新看向部落族长，口吻缓和了些："族长，这长舟……我来造。"

部落族长看了舟大郎好几眼，随后才老泪纵横地频频点头："好啊，真是好孩子！我会让族里年轻力壮的孩子们给你帮忙，去找那最好最结实最大的木头。"

舟大郎抿了抿唇，回头看了看站在山洞最里面的妻子和女儿，又想了想今天出去打猎还没回来的大儿子，伸手拉了部落族长一把："族长，我们出去再说说话吧。我送您回去，顺便跟您聊聊我造长舟还需要的一些东西。"

部落族长跟着舟大郎离开了舟大郎的家，两人沿着泥土小路慢慢往湖岸边唯一的码头走去……

"大郎，你是有什么事要交代吗？"部落族长看着身旁搀扶着自己的精壮男人，眉眼之间带着几分担忧。

原本低着头的舟大郎叹了口气，将自己右手掌心翻开给部落族长看，那触目惊心的伤痕刺痛着舟大郎的神经也刺伤了部落族长的心。

"怎么……大郎你这手上的伤还没好？上次给阿武造舟已经过去好久了，你……"

舟大郎叹了口气，但这次他开口了："我发现……我的伤口好像好得越来越慢了。哪怕阿心每天晚上给我敷草药都没用。眼见冬天越来越近，家里的猎物都是我那大儿子出去弄的，阿妹还小不懂事，阿心每天晚上都为我的伤口哭……我真的是快没有办法了。"

"那你还答应给部落造长舟？你若执意造这长舟，很有可能会活不过这个冬天啊！大郎啊，阿妹和阿心她们不能没有你。这长舟，要不你就别造了吧？"

舟大郎抬头看着部落族长眼神中的爱怜和担忧，坚定地摇摇头："不，我要造！而且，我会为我们部落造出最长最坚硬最好用的舟。况且，我手上的伤……恐怕也是很难好了，能在死之前给部落多造些舟，我也开心。"

顿了顿，舟大郎看着眼泪在眼眶里打转的部落族长，继续咬着牙坚定地说道："只是……族长，我希望你看在我为部落做了这么多事的分上，替我家阿妹寻一个好男儿，给我家老大找个好女人。"

部落族长抬起手抹了把脸上的泪，频频点头："大郎，你是部落的英雄。你放心，若真的有这一天，我一定好好照顾你的家人。整个部落，都会照顾好你的家人。"

"好！有族长这句话，我就放心了。"舟大郎终于露出了阳光般的笑容。

造长舟，很快开始。这一次，舟大郎用尽了毕生所学，终于不负众望，纵使辛苦万分，纵使付出了满手是伤的代价，但用祖传的特殊方法——火焦法造成的长舟非常坚硬、光滑。那一次次用火烤再用锋利的石头刨，一次又一次……终于，凝聚了舟大郎所有心血的长舟造成了。这条舟，比部落里所有的舟都长、都薄、都硬！用专门量长度的绳结要五六次才能完整地丈量这条独木舟。

这一年的冬天，天气格外冷。在一个暖阳冬日，这条新造的、为整个部落捕鱼打猎的长舟第一次行驶在湖面上，里面载着的不是要出去捕猎的部落男儿们。此时此刻，坐在这条外形漂亮、质地坚硬的长舟上的，是怀抱着舟大郎的阿心，是斜躺在舟最前端的舟大郎，是抹着眼泪低着头的舟阿妹和她的阿哥。

夕阳西下，漫天的霞光铺洒在寂静的湖面上。远处横跨在湖水上的木桥在阳光的照射下，散发出柔和的光。那光刺着舟大郎的双眼，让他脑子里想到的都是一条条漂亮的长舟漂浮在这波光粼粼的湖面上、一条条活蹦乱跳的鱼正飞到他亲手做的长舟里……

独木舟

"阿心你看啊，我造的这舟真长，能托着你、托着我们的两个孩子，还能托着已经坐不起身的我。"

舟阿妹的娘阿心拼命地忍着眼泪，双手紧紧抓着怀里的男人，低着头，下巴微微贴着舟大郎的额头，脸上斑驳的泪痕在光晕中散发着阵阵凄楚。

"阿心，别哭。你一哭，我就心疼。你放心，我不会离开你们的。以后，这长舟就是我，我会让我的魂魄注入这长舟中，一直守护着你们，守护着我们的部落！"

身披"神人兽面"纹饰衣服的玉琮王有它自己的骄傲

玉琮王，现藏于浙江省博物馆，是我国首批禁止出国（境）展览文物。玉琮王全称"新石器时代良渚文化玉琮"，它是目前已经发现的良渚玉琮中最大、最重、做工最精美的一件，故被称为"玉琮王"。经考证，玉琮王距今约5000—4000年，为祭祀时用的礼器之一。有专家认为，玉琮的造型是内圆外方，印证了中国古人所认为的"璧圆象天，琮方象地"，当然，这只是一种猜测性的解释。

"琮"之名始见于《周礼》等古籍。其形如《周礼·考工记·玉人》所释："大琮十有二寸，射四寸，厚寸。"《白虎通·文质篇》曰："圆中牙身玄外曰琮。"郑玄注《周礼》时释："琮八方，象地。"南唐徐锴释琮时曰："状若八角而中圆。"清乾隆按东汉许慎《说文解字》，以"琮，瑞玉，大八寸，似车釭"的说法作为依据，直接认为"琮"是"辋头""杠头"，甚至以之作为笔筒。

关于玉琮这种祭祀礼器所代表的内涵，学术界历来众说纷纭。有学者认为，玉琮就是祭祀时象征地母女阴的礼器；也有学者认为，玉琮是织布机上的部件；

文物悄悄话 HANG ZHOU

出土玉琮王的反山 12 号墓葬

还有学者认为，玉琮是沟通天地的媒介与标志身份的礼器，是当时的人们与神沟通的联络工具。但无论哪一种说法，都不可避免地要承认——能够接触到玉琮的人必然是当时部族中社会地位极高的人物。作为"六瑞"礼器之一的玉琮，承载着的是当时人们的精神信仰。尤其是作为玉琮之王的玉琮王，它身上披着的神人兽面纹所蕴含的意义，绝非我们今天的人能够想象。

从文物工艺的角度来说，玉琮王雕刻细致，用细如毫发来形容也不为过。关于良渚玉器的圆形加工，其方式主要有两种：一是直接用管钻钻圆，二是用弧线连接。用弧线连接的圆不够规整，常有明显的接痕，带有棱角；用管钻钻的圆，相对会规整一些，但圆心的位置往往会发生偏移，这主要是因为钻孔时定位不正。通常来说，比较小的玉琮往往用弧线连接工艺制成，而稍大的圆形玉琮则用管钻工艺制成。这两种制作方式是鉴定良渚玉器的基本要素。

此外，必须要介绍一下良渚古城的水利系统，现展览于良渚博物院。良渚水利系统为东西走向，其结构分为沿山前分布的单层堤坝和连接两山的短坝两类，短坝又可分为建于山谷谷口的高坝和连接平原的孤丘的低坝。山前长堤位于大遮山山前，是水利系统中最大的单体工程。良渚古城外围水利系统的11条水坝，能够拦蓄出一片面积9.39平方千米的水库，约为杭州西湖的1.5倍，其总库容量约4600万立方米，约为杭州西湖的3.3倍。良渚古城的水利系统具有防洪、灌溉、运输等多种重要功能。良渚古城水利系统的发现和确认，有重要的学术价值。

在新石器时期发现的玉琮中，以良渚玉琮居多，玉琮是良渚文化代表性器物。而良渚玉琮中，以浙江杭州

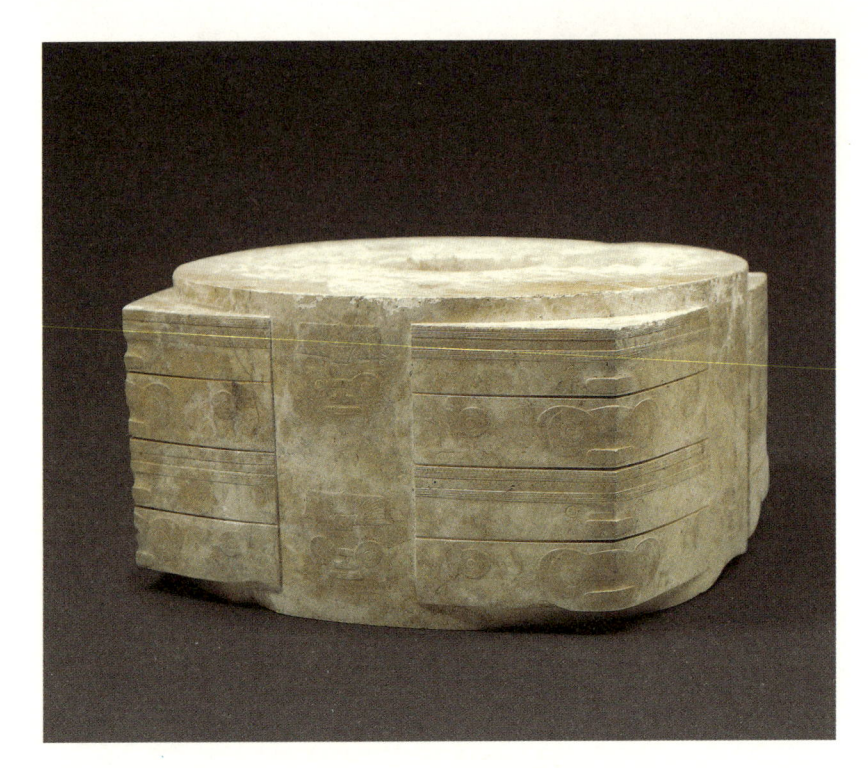

反山遗址出土的"玉琮王"

反山遗址 12 号墓出土的神人兽面纹玉琮为现今所存所见的最大玉琮，故而此玉琮被称为玉琮王，也就是我们今天故事的主角。

若穿越回那神秘的良渚古城中，或许能一窥当时玉琮王的绝世风采……

宗，是良渚古城内的王，也是整个良渚宫殿、内城乃至外城区域范围内唯一会雕琢玉琮的大祭司。大家亲切地以"宗"命名这座恢宏之城中唯一的王，而被大家亲切爱戴的良渚城王此刻却陷入一件纠结的事情中。

力，是宗最好的兄弟，也是良渚古城中地位仅次于他的贵族同盟。就好像日月五星之间的运行规律一般，力和一众兄弟乃至宗的妻子共同帮着宗一起守护着这片恢宏广袤的城池、守护着在城池中安居乐业的人们。

此刻，良渚古城内城城王的家里，宗正站在屋子门口，抬头遥望着整个城最中心也是最高的那块地方。身后不远处站着的力忍不住望着王的背影开口："王，您这是怎么了？在忧郁着什么呢？我们的城池已经这么大了，我们的子民也这么多了，我们有三四年都吃不完的粮食，有穿不完的衣服，有各色各样食物的种子，您还担忧什么？"

背着手依旧望着远处的宗略微叹了口气："是啊，我们已经有了吃不完的粮食，有了可以抵挡严寒和野兽凶兽的高墙……可是，我们依旧无法摆脱洪水的肆虐。每当暴雨期来临的时候，生活在外城边上的百姓……日子都不好过啊！"

力皱了皱眉，听着王所说的话，脑海里也回想起之前每一年都会遇到的严峻问题。力叹了口气，很是无奈地说："可是……那又能有什么办法？那是上天降下的惩罚。或许，是我们还不够虔诚！"

宗王皱着眉，听到力的话，微眯着眼抬头望了望湛蓝的天空："若真是如此，我便怀抱玉琮日日夜夜地跪天跪地祈祷！"

"可就算你不吃不喝，这暴雨还是会来的吧？暴雨肆虐顶多是外城遭殃，可若我们这座城的王病死了，那就是整座城跟着一起遭殃！"很明显，力并不看好城王的决定。

"那我就将代表神灵的神人纹雕刻在一个全新的玉琮

上，我将用我所有的虔诚敬仰天地。为了我的子民，我愿意付出一切。"宗回头看着力，很明显，他心意已决。

说干就干，宗重新用一块绝佳的玉石雕刻新的玉琮。这一次，雕刻玉琮的工期更长、步骤更繁复。因为这一次，在这个大玉琮上，雕刻的代表着整个部落的图腾、代表着神的旨意的神人兽面，将更为精细，更为复杂。

玉琮坚硬无比，神人兽面纹饰又多处可见婉转回绕，雕刻过程异常艰难。可就算如此，身为良渚城王的宗，也没有丝毫要放弃的想法。恰恰是在整个雕刻的过程中，那打着圆的纹饰给了他不一样的灵感，或许这就是神给他的指示。

抚摸着自己精心雕琢的神人兽面纹饰，宗浑身颤抖

玉琮上的神徽

地自言自语："看啊，这神人的眼多么像我们内城的祭祀神台！这神人的额头，多么像我们的内城！这神人下面兽纹的部分多么像我们的外城！而这些线条，多么像一条条的河流……天哪！我知道了，我终于知道神要让我做什么了！"

激动不已的宗，当天便召集了自己所有的结盟兄弟，并将自己疯狂的想法讲了出来。这是第一次，自他们这个部落有史以来，有人提出了将那可怕的凶猛的洪水引入城中，与城共存。想法如此疯狂到不切实际，城王的兄弟们都还能接受，但百姓们……怎么才能让他们理解并一起帮着实施呢？

这个时候，宗想到了手里新雕琢的玉琮！

既然他无法劝说城中这么多的百姓，那就让他手里这件能够沟通神灵的玉琮来吧！这一次的祭祀，格外恢宏浩大。神人兽面纹是他们的"共神"，城王以"共神"的力量很容易就凝聚了城中所有百姓的心。城王等贵族们，也用了所有的精力操办这场祭祀，而这场祭祀的唯一目的——就是要向天地询问：能否实施挖河道入城的方法？

祭祀证明、玉琮王为大家证明：挖河道入城的方法可行！

从此，良渚古城内开始大兴土木。宗亲自带领着百姓将外城城墙进行拆解重组并与新挖好的河道形成新的外城。每当大家遇到困难时，宗都会用玉琮上雕刻的神人兽面纹来鼓舞大家：这是神给的旨意，只要付出辛劳、汗水，按照神的旨意去做，他们就一定能战胜"洪水"这头凶狠的猛兽！

团结一心的良渚城民在神的旨意的鼓舞下，展现了惊人的智慧和耐力，新的水坝、新的河道、新的外城就这样一步步建立了起来。

　　这一年，暴风雨再次来临！可那令人恐惧的洪水却再也没能在良渚古城中肆虐。城中的百姓，因为这场祭祀，因为这件独特珍贵的玉琮王，摆脱了洪水灾害，而良渚古城，也因此拥有了世界上最早的外围水利系统。在几千年后，这座已被历史掩埋的古城更是因此惊艳了整个世界！

玉钺玉璧：
我们也是良渚的精神象征

故事中的玉钺玉璧，在许多博物馆都有收藏，但在浙江省博物馆，收藏有一件良渚玉璧中最大，也是目前出土品种罕见的刻纹玉璧。此外，还有一件良渚玉钺中体量最大的玉钺王。

玉璧，是良渚文化器物中面积最大的玉器。在早期，玉璧直径小、形状不规则，后来渐渐发展成了又大又圆、薄厚均匀的形状。

《尔雅·释器》载："肉倍好谓之璧，好倍肉谓之瑗，肉好若一谓之环。"

玉璧，与玉琮、玉圭、玉璋、玉璜、玉琥合称为"六器"，是我国古代重要的礼器。而良渚文化的玉璧，是整个良渚文化玉器中最大的器物。就如同玉琮被用来祭祀一样，玉璧的功能在良渚文化中也被神化，是良渚人民精神信仰的寄托与代表。

钺，是一种古代的兵器，多为仪卫所用。《说文》上曰："戉，斧也。"《释名·释兵》上曰："戉，豁也，所向莫敢当前，豁然破散也。"

文物悄悄话 HANG ZHOU

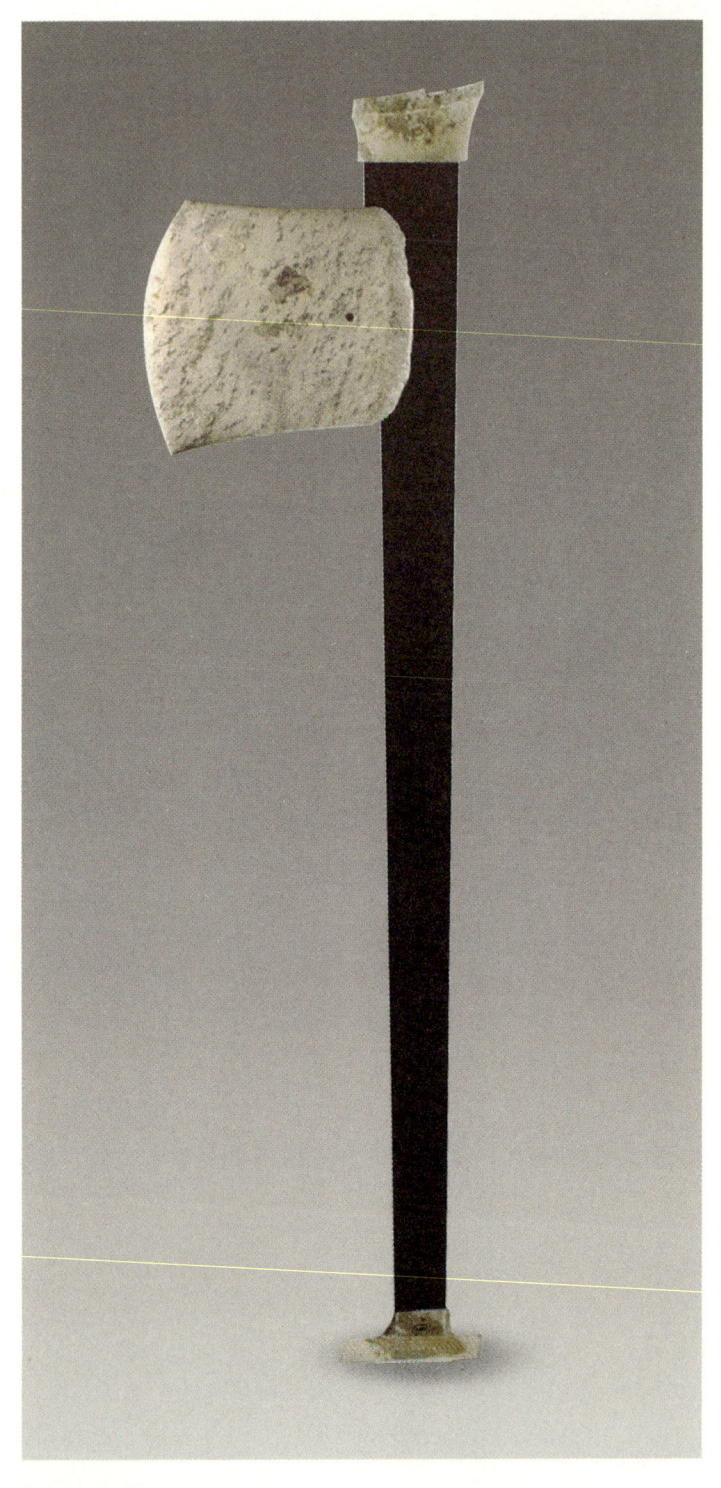

组合式玉钺

良渚文化刻纹玉璧

反山遗址出土的"玉钺王"

第一章 湘湖良渚，文明之光

玉钺，是古代权力力量的象征，同样，它也是一件瑞器。在良渚文化中，玉钺代表着征战，玉钺是军权的象征。

如果说玉璧是柔和的，那么玉钺就是坚硬的。一座城、一个部族，需要的不仅仅是对神、对文化的信仰，也需要用智慧、用坚毅去征服猛兽、去战胜敌人、去震慑潜在的叛逆者。而玉钺，代表的就是这样一种刚毅的精神信念。

良渚古城的王，年纪越来越大了。是时候，他要培养新的接班人了。

这一天，老城王将城中符合继任条件的几个孩子召集到跟前，他打算亲自考核一番："你们谁知道……要怎样做好一个王？"

站在老城王面前的一众孩子，年纪最大的不过十岁。对于这么小的孩子来说，这个问题显然太难了。

就在一众孩子都傻眼的时候，老城王笑了笑，随后摆摆手，说道："不着急现在就回答。给你们三天的时间，可以用东西证明、可以用图画、可以找人帮你们……也可以自己开口试着说服我。"

孩子们顿时松了口气，纷纷按照老城王的吩咐各自回家去了。

回到家里，每个孩子都将老城王出的题目告诉了自己的父母兄弟。只要是能想到的办法，大家都拼了命地去想。只要是能被询问的智者老者，都被形形色色的人问得烦不胜烦。

而唯有一个小男孩，他没有能干、能独当一面的父亲，家里只有久病的母亲和性格温和、可爱听话的妹妹。他在这良渚城中活得并不容易。没有人会乐意帮他，除了他的母亲和妹妹，可母亲和妹妹听到这个消息的时候，只会干着急和抹眼泪，她们纵使有心，也无能为力。

小男孩的家里，母亲叹着气："唉……阿伐，娘真的是没用，没办法帮到你。如果能让你去问问内城的智者们，或许……或许你就能有机会……"

一旁坐着的妹妹也吸着鼻子，漂亮的大眼睛里有眼泪在眼眶里打转。

而被叫作阿伐的男孩，神色却格外沉稳："娘，妹妹，其实我不用去问别人也知道怎么回答老城王的问题。"

妹妹不像母亲那么能沉得住气，听到自己哥哥的话，惊讶地抬起头，连脸上的眼泪都来不及擦掉："哥哥说真的？"

阿伐温和一笑，望着自己妹妹时，那张不属于这个年纪的成熟小脸上总会带着几分宠溺："当然了，哥哥什么时候骗过你？"

"嘿嘿，哥哥不会骗我的，而且哥哥一直都保护着我和娘。哥哥是城里最棒的哥哥！"

……

三天时间一晃而过。

三天后，所有的孩子按照城王约定的时间再次来到老城王家里回答那个最难的问题。

有一个孩子傲娇地说:"做王就是要对百姓子民们好!这是内城东边的老爷爷告诉我的!这个回答是昨天我阿爹用一只野兔子换来的!"

还有孩子说:"做一个王,就是要会雕刻玉琮,懂祭祀!"

更有孩子说:"做一个王,就是要有一帮结盟的贵族兄弟一起帮忙治理整个城池,当然也要对子民们好,要劳心劳力多做事,多思考!"

……

阿伐是最后一个开口的,就在老城王的眼光越发暗淡的时候,他给出了自己三天前就确定的答案:"我认为,做我们这座城的王,第一要做到敬畏神灵,第二要能够敬畏大地,第三是要敬畏力量!"

老城王听到此,猛然瞪大眼睛不可置信地看着距离自己最远的那个瘦弱却双目炯炯有神的孩子:"好孩子,快过来,你再仔细说说看……你为什么这么认为?"

阿伐不急不慢,稳步上前背着小手,认认真真地解释:"就像我们部落的三件神器——玉璧、玉琮和玉钺一样,只会敬畏上天,会忘了脚下踩着的大地,不能踏踏实实地保护好这座巨大的城;只会敬畏上天、祈求大地,也会忘了城外的风险和危机。所以,我们不能只有玉琮,也不能只有玉璧,我们还需要玉钺!"

老城王越听越是忍不住张开双手颤抖着要将面前的

孩子搂入怀中："好好好！好孩子，你回答得太对了。作为一个王，要软硬兼备。既要能扛得起风雨，也得温柔对待百姓；既要对皇天后土心怀敬畏，也要学会拿起武器冲入那黑暗的丛林里面对付凶猛野兽；既要能接受百姓子民们的爱戴敬仰，也要有足够的勇气用手里的玉钺捍卫领土、抵御外面的敌人！"说完，老城王从身后的陶罐里颤颤巍巍地拿出了三件东西：玉琮、玉璧和玉钺！

最终，这个想到玉琮、玉璧和玉钺对于整个部族重要性的小男孩阿伐，成为了新一任的良渚城王。而良渚城也必将在他的带领下，走向新一轮的盛世与辉煌！

第二章

薪火之光,燃古杭州之域

西周印纹陶罐：
吾从西周来，戴着百式纹

西周印纹陶罐，现藏于浙江省博物馆，原为寺院藏品。西周印纹陶罐高21.9厘米，口径17厘米，底径16厘米，敞口，束颈，上腹鼓，下斜收，平底，上腰有对称条纹横条，器腹饰有拍印变体云雷纹和回纹相间的纹饰，胎色为灰。

西周时期烧造陶器的窑炉主要是馒头窑。西周时期陶器种类最多的是泥质灰陶和夹砂灰陶，偶有少量夹砂红陶和泥质红陶。

西周陶器的主要器形：炊器有鬲、甗等；饮器有爵、觚等；食器有豆、簋等；盛器有罐、瓮、盆、盂等。

《史记·周本纪》记载："成康之际，天下安宁，刑错四十余年不用。"

周武王灭商居功至伟，他死后，其子诵继立，是为成王。成王年幼，曾经辅佐克商的武王之弟周公旦辅政，代行国政。后来姬诵病倒，其子姬钊继位，即康王。而我们的故事，就发生在西周初期最为强盛的阶段——成康之治时期。

第二章 薪火之光，燃古杭州之域

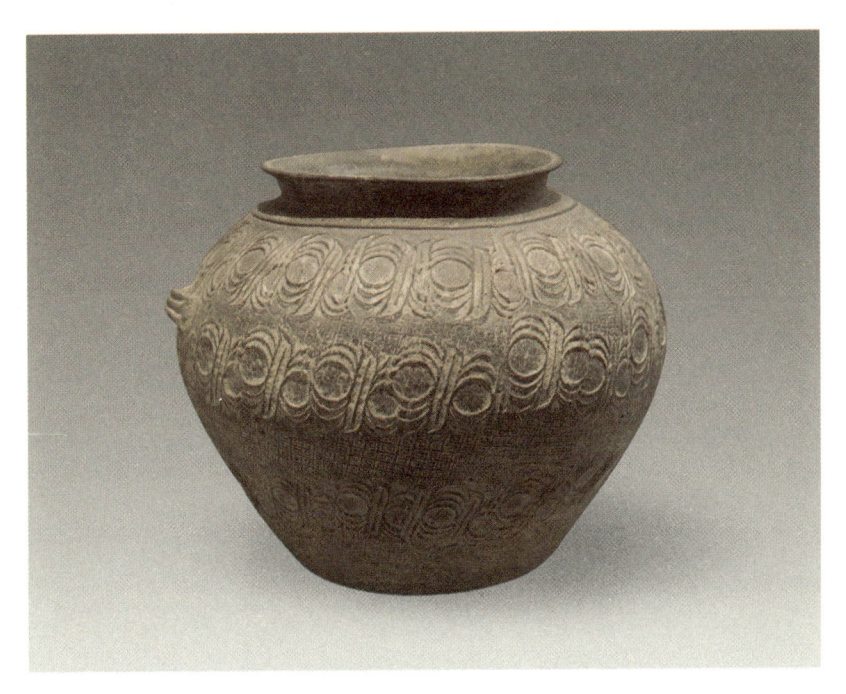

西周印纹陶罐

　　此时，洛邑①，成周②内，九鼎③前，康王看着这布满雄浑之气的铜鼎，昂首负手而立。身后站立一人，手抱一印纹陶罐，微微颔首，目光如炬，盯着前方康王的背影，静静等候。

---

① 洛邑，是周朝都城洛阳的古称，"八方之广，周洛为中，谓之洛邑"。周公营洛邑，因为在于土中，诸侯蕃屏四方，故将洛邑立为京师。《汉书·地理志》曰："昔周公营洛邑，以为在于土中，诸侯蕃屏四方，故立京师。"
② 成周是西周王朝的京师，位于河南洛阳，其名见于周成王五年的"何尊铭文"："唯王初迁宅于成周。"
③ 周武王灭商后，曾公开展示九鼎。周成王即位后，周公旦营造洛邑，将九鼎置于该城，并请成王亲自主持祭礼，将九鼎安放在明堂之中。《史记·周本纪》记载："成王在丰，使召公复营洛邑，如武王之意。周公复卜申视，卒营筑，居九鼎焉。"

康王："毕公①，予一人②获保宗庙，以微眇之身托于士民君王之上。先王自亲政后，营造新都成周，宅兹中国，大封诸侯。如今，天下安宁，吾亦无忧矣。"

毕公听到此，抬头看了康王一眼，眼神随着康王那抚摸着铜鼎的大手转了转，复又放下怀中的印纹陶罐，抬手作揖，恭恭敬敬行了一礼，曰："王上，今天下虽定，但百姓生活依旧困苦。"

康王闻声，回头看了毕公一眼："哦？毕公何出此言？"

毕公紧抿着唇，神色恭敬："周室初立，即经三监之乱，后赖周公东征，才得以平定叛乱，封邦建国。故，天下虽定，但连遭祸乱，百姓未得休养生息。"

康王听到此，脸上渐渐浮起几分忧虑之色。低头略沉吟片刻，复又抬头看向毕公，眼神中带着敬重，拱手施一礼，曰："愿闻公之良策"。

毕公一手捋了捋胡须，笑了笑，将怀里的印纹陶罐捧上前："王上，吉金之器，非普通百姓可用。故应大力推广陶器，便于百姓生活。只要王上体恤百姓，继续

---

① 毕公，史称毕公高，是毕国与毕姓始祖。周成王临终时，遗命他与召公辅佐周康王继位，周康王命他治理东郊。由于毕公等人的辅佐，使周成王与周康王时期天下安定，四十多年没有使用刑罚，史称"成康之治"。《史记索隐》引《左传》："富辰说文王之子十六国有毕、原、丰、郇，言毕公是文王之子。"
② 予一人：古代帝王的自称。《尚书·汤诰》："王曰：'嗟！尔万方有众，明听予一人诰。'"《礼记·曲礼下》："君天下，曰'天子'；朝诸侯、分职、授政、任功，曰'予一人'。"《汉书·文帝纪》："朕获保宗庙，以微眇之身托于士民君王之上。天下治乱，在予一人。"《元史·世祖纪》："求之今日，太祖嫡孙之中，先皇母弟之列，以贤以长，止予一人。"

第二章 薪火之光，燃古杭州之域

西周印纹陶罐

西周印纹陶罐

推崇先王的国策，国库便可丰裕，百姓亦能安居乐业，便处处可见升平盛世。"

康王大笑着上前，直接从毕公手里将这雕刻着漂亮纹饰的印纹陶罐接了过来，笑着说道："公此言甚好。予明日便吩咐下去，安排祷告宗庙、祭祀先祖，然后大兴陶器，让百姓好好休养生息。"康王微微停顿，目露疑色："只是……这烧制陶器的地方，选在何处呢？"

毕公笑了笑，说："王上，可以烧制陶罐的地方很多，但这烧制陶器的第一捧水需讨个吉利。之后，王上方可祭祀上天与先祖。"

康王："哦？公可有主意？"

毕公："古传禹赴诸侯大会时，从一宝地舍航登陆[①]。吾曾夜梦此地乃上古风水宝地，故而吾手中这件陶罐，便是取自此宝地之水捏形，后带回王城烧造而成。王上可效仿之。"

康王仔细端详着手中的陶罐，点了点头："甚好，甚好啊！取宝地之水烧造陶罐，必能让上天与先祖满意！"

毕公恭恭敬敬地行一礼，道："王上说的正是！禹杭之地，风水绝佳。臣这就着人按照王上的意思去办！"

后，取禹杭之地的水烧造的陶罐非常漂亮。陶罐上腰配有对称条纹横条，陶罐腹部有拍印变体云雷纹，这件造型精美的陶罐开始显现出它的作用与价值。

[①] 相传夏禹治水，会诸侯于会稽，船至此舍航登陆，因名禹杭，后称"余杭"。《元和郡县图志》卷二十五杭州余杭县引《吴兴记》："秦始皇三十七年，将上会稽，途出此地，因立为县，舍舟航于此，仍以为名。"

祭祀之事，非常顺利。自此印纹陶罐面世后，民间也开始广泛兴起了烧造陶器之风，这些陆续烧制出来的陶器极大地丰富、方便了百姓的生活。

第二章　薪火之光，燃古杭州之域

春秋伎乐铜屋：
越音笙歌，鼓乐齐鸣

春秋伎乐铜屋，现藏于浙江省博物馆，通高17厘米，面宽13厘米，进深11.5厘米，所属年代为春秋（前770—前476），是浙江省博物馆的镇馆之宝之一。1982年3月，伎乐铜屋在绍兴市坡塘狮子山西麓306号墓中出土，根据墓葬资料，可以确定此墓葬主人是一位越国贵族。伎乐铜屋的体形不大，却内藏玄机。铜屋平面作长方形，造型是三开间，正面没有墙和门，仅立有两根圆形柱子，其余三面有墙，呈镂空格子状。背墙中间有一块格子窗。屋顶、背墙以及四阶均有连回纹饰，极具南方特色。屋顶立着八角柱，柱顶塑一只鸟。屋内有六人，分别呈击鼓、抚琴、吹笙、咏唱等姿态，前排两位面向观众作吟唱姿态，另外四位拿着各自乐器，应为"乐手"。

从伎乐铜屋内六人的形态可以看出，六人应当是在作一次演奏。但与众不同的地方在于，六人赤膊，这显然与周礼不合。《礼记·明堂位》记载："武王崩，成王幼弱，周公践天子之位以治天下。六年，朝诸侯于明堂，制礼作乐，颁度量，而天下大服。"《史记·周本纪》载："既绌殷命，袭淮夷，归在丰，作《周官》。兴正礼乐，度制于是改，而民和睦，颂声兴。"

周礼对演奏有非常严苛的要求，由此可见这件伎乐铜屋内乐伎赤膊演奏就会显得极为突兀且不合常理。

伎乐铜屋是目前已出土文物中唯一一件先秦时的房屋模型，它为后人研究春秋时期建筑提供了重要依据和资料。至于伎乐铜屋中这场演奏的目的，学术界众说纷纭，基本归纳为两种：一种认为，这么正式的演奏应当是祭祀，并且这场祭祀被制成伎乐铜屋保存下来，后跟随墓主人下葬；另一种则认为，这是一次娱乐性质的演奏，毕竟六位乐伎都是赤膊，显然不合周礼、不符合祭祀的要求。至于这场演奏真正的缘

春秋伎乐铜屋

由，至今依然没有定论。但正因如此，这件做工精美又不乏生动气息的伎乐铜屋才留给了我们无限的遐想空间。

句践已平吴，乃以兵北渡淮，与齐、晋诸侯会于徐州，致贡于周。周元王使人赐句践胙，命为伯。句践已去，渡淮南，以淮上地与楚，归吴所侵宋地于宋，与鲁泗东方百里。当是时，越兵横行于江、淮，东诸侯毕贺，号称霸王。范蠡遂去，自齐遗大夫种书曰："蜚鸟尽，良弓藏；狡兔死，走狗烹。越王为人长颈鸟喙，可与共患难，不可与共乐。子何不去？"种见书，称病不朝。人或谗种且作乱，越王乃赐种剑曰："子教寡人伐吴七术，寡人用其三而败吴，其四在子，子为我从先王试之。"种遂自杀。

——司马迁《史记·越王句践世家》

周元王四年（前472），越国灭了吴国后开始向周朝呈贡，周元王使人赐勾践胙（胙指祭祀用的肉），命为伯。之后，越王勾践渡淮南，以淮上地与楚，归吴所侵宋地于宋，与鲁泗东方百里。当是时，越兵横行于江、淮，东方诸侯纷纷前来朝贺，越王勾践开启了自己春秋霸主的辉煌之路。

就是在越国如日中天的时候，曾辅佐越王勾践灭吴的最重要的一位大臣范蠡，做出了一个惊人的决定：功成身退！此时，越王勾践已经拜范蠡为上将军。范蠡回到越国，终究寝食难安，范蠡判断越王勾践只可共患难却不能同享福，若不及时引退，难逃一死。于是，范蠡上书给越王勾践："臣闻主忧臣劳，主辱臣死。昔者君王辱于会稽，所以不死，为此事也。今既以雪耻，臣请从会稽之诛。"越王勾践回复曰："孤将与子分国而有之。不然，将加诛于子。"范蠡对此只回了句："君行令，臣行意"后，便轻装珠宝玉石等宝贝，与其私徒属乘舟浮海以行，一去不复返，终于解了越王勾践内心的疑虑。

只是，曾与范蠡共患难的又岂止是越王勾践呢？范蠡就此离去，内心唯一放不下的便是另外一位对越国有大功的大臣，也是自己的至交好友——文种。

范蠡离去后不久，文种在自己家里收到了范蠡离开前留给自己的最后一封书信。

盘腿坐在桌案前的文种，抬头望了望窗外的翠竹，细雨抚过，竹叶翠绿油亮，偶闻几声鸟鸣，给这寂静的院落平添了几分生动活泼。只是眼前这封摊开的绢帛上写的东西，却与眼前静谧美好的景色形成了鲜明的对比。

文种伸手，在绢帛上的几个字上来回地抚摸，同时忍不住地喃喃自语："蜚鸟尽，良弓藏；狡兔死，走狗烹……"

就在此时，屋门被敲开，文种的夫人一脸愁容地端着餐盘走了进来："喝点粥吧，你已经很长时间不曾吃东西了。"

文种叹了口气，指着桌案上的绢帛，对走过来的夫人说道："少伯离开前留给我的书信，让我很是困惑。夫人请看！"

文种夫人闻言，放下手里的餐盘，将粥碗先放在文种面前，然后才将桌案上的绢帛捧起仔细查看，越看……文种夫人越是皱眉："鸟尽弓藏、兔死狗烹……范大夫说的是对的！不如……我们也逃了吧？唯有离开了，大王才能真的安心。"

文种端起粥舀了一勺送到嘴边，刚想喝一口又叹了口气，将粥碗放回到了桌上，微眯着眼，几分苍老憔悴依旧难掩一身气度："我何尝不知鸟尽弓藏、兔死狗烹？昔日灭吴之时，我早知伍子胥的结局会是我今后的结局。但就算如此，我忠肝义胆、一心侍奉大王的这份为臣之心却从未有过改变。人生短短几十载，逃去他地苟且偷生又有什么意思？若能以热血忠心报效越国，让大王从我开始打消对昔日功臣的疑心，也未尝不是一件好事啊！"

夫人听到此，眼眶已经微微泛红。吸了吸鼻子，用绢帛擦了擦眼角后，她端起粥碗又往文种嘴边送："多少吃一点吧。就算你不打算逃，也要爱惜自己的身体。索性最近称病不上朝了吧，或许还能躲得过去。"

文种疼爱夫人，也知道自己这么做事过于刚硬，便点了点头："好，听夫人的！"

……

不久之后，越国开始有流言传说大臣文种或有作乱之心……

功高盖主，怎能不引君主忌惮？

该来的，还是来了！

文种做好了准备，但接到越王赐的铜剑时，文种心里还是忍不住生出几分悲凉与气愤。

双手捧着剑，跪坐在日常读书写字为越王勾践进谏纳言的桌案前，文种内心只剩下越王着人传来的话："子教寡人伐吴七术，寡人用其三而败吴，其四在子，子为我从先王试之。"

手臂忍不住有几分颤抖，文种盯着手中的剑看了许久，叹了口气，低着头暂时将剑放在了桌子上。

闻声而来的夫人和孩子们，已经在屋外泣不成声。

文种开口："都进来吧。"

屋外，文种夫人带着孩子们推开门走了进来。

文种夫人抹着泪上前坐在文种身侧，儿女们则规规矩矩地隔着桌案跪地行礼后，低着头站着，静静等候着父亲最后的嘱托。

文种抬起头看了看自己的孩子，又转头看了看自己的夫人，开口说道："我走后，大王必然会善待你们。你们只需行事低调不张扬，不要担任重要官职，好好过粗茶淡饭的日子，就能保一生顺遂。"

文种夫人伸手拉着文种的袖子，哭泣了起来："大王怎如此狠心？"

文种叹了口气："君主之心，自古皆然！但，我不后悔留下来侍奉大王，我也不后悔自己做出的这个选择。"顿了顿，文种伸手摸着那锋利无比的宝剑，叹了口气继续说道："我走后，要以赤裸之身的伎乐铜屋做礼乐器皿陪葬，用以彰显我为越国、为大王、为社稷的这份赤诚之心！天地昭昭、日月可鉴，我一腔忠肝义胆必能感动天下苍生！此物，就当是祭祀上天，望上天垂怜我这份赤诚心意！今生……我是不能再为越国效力了，唯愿在地下长眠之时，依旧能听到越音笙歌、鼓乐齐鸣！"

说到此处，文种抬头看着昏暗的房间里跪坐的几人，叹息道："你们都出去吧。记住我的话，好好生活，低调谦卑。我走后，不要迁怒于大王，也不要怪罪任何人。这一切，是文种自己的选择！我心甘情愿！"

待到至亲们退出去后，文种拿起桌子上的宝剑，高昂着头颅，仰天长叹一声，一代谋臣，就此伏剑而死！

文种被赐死后，文种之子披麻戴孝，跪坐在文种夫人房中："母亲，父亲去了，如今大王感恩父亲昔日的功劳与忠义，必然会厚葬父亲。可父亲临终留有遗言，要以赤裸之身的伎乐铜屋陪葬。如今这伎乐铜屋已经按照父亲所说前去铸造……但这总归让人担忧……"

说到此，文种之子说不下去了，文种夫人拿着帕子擦了擦眼角的泪痕，叹了口气："为娘明白你的意思。你父亲性格刚毅，不如范大夫处事圆润，所以才会说出如此遗言。如今若将伎乐铜屋用于礼乐器皿陪葬，必然再次引来大王不悦。可这又是你父亲临终的交代，这真的是……让人难办了！"

文种之子跪坐在旁想了又想，眼睛突然一亮，猛然抬头看向文种夫人："母亲，儿子有主意了！儿子有办法，既能全了父亲的心思，又能不让这件伎乐铜屋被大王发觉。父亲只要求此物陪葬，却未说一定要进自己的哪个墓葬。儿子再着人暗自立一墓葬，将伎乐铜屋置于其中做礼乐器皿陪葬，此墓葬也可以是父亲的墓葬但却能瞒得住大王，如此岂不是两全其美？"

文种夫人抬头看了自己儿子一眼，良久，点头道："好，那就按照你的意思去办吧！总归要全了你父亲的这份赤诚之心。但愿有朝一日，这件伎乐铜屋能够真的如你父亲所愿，让天地苍生都怜悯他的这份忠肝义胆与满腔赤诚！"

文种之子点点头，肯定了自己母亲的话："父亲在世之时，文韬武略冠绝天下。曾向大王敬献的'伐吴七术'，直到现在还被能人异士称赞。父亲之心如此忠诚，大王如此作为必然是大王的损失！儿子定然会做好此事，让父亲在地下也能安宁！"

待到伎乐铜屋铸成，文种之子使用了些小计策，没让这件伎乐铜屋直接入其父的墓葬中做礼乐器陪葬品。但在几千年后，在一座不知主人为谁的越国贵族墓中，这件曾经承载了先人期盼的伎乐铜屋自出土后就开始耀

伎乐铜屋（局部）

眼于世！它的独特让人们疑惑、它的精美让人们感叹、它背后的故事也一定会让无数后人动容！纵使隔了几千年岁月，伎乐铜屋依旧会承载着某些至圣先贤的情感与期望，为我们再次唱响越音笙歌，鼓乐齐鸣！

战国越王者旨於睗剑：
孤一出鞘，谁与争锋？

战国越王者旨於睗剑，现藏于浙江省博物馆，原属战国时期越王"者旨於睗"佩剑。该文物一度流落海外，1995年由上海博物馆馆长、著名青铜器专家马承源先生以136万元港币购回，后由杭州钢铁集团公司出资购买并捐赠给浙江省博物馆。

战国越王者旨於睗剑是越王者旨於睗的佩剑。"者旨"读为"诸稽"，是越王的氏，"於睗"则为名。越王於睗就是《史记》中记载的越王鼫与[1]，他是越王勾践之子。越王勾践死后，鼫与继承越王之位。越王鼫与在位的六年（前464—前459）时间里，越国冶师为他精铸了一批兵器。目前考古发现的仅青铜剑就有多把。但青铜剑中保存最为完好的还是这把越王者旨於睗剑。这把越王者旨於睗剑完整无缺，寒芒闪现又极富有光泽，虽历经几千年岁月，依旧不锈不蚀。越王者旨於睗剑的剑刃极薄。此外，再加上剑鞘齐全，缠缑完整，因而在众多出土、传世的吴、越剑中可谓是绝无仅有的上等青铜剑。

该剑为铜质，通长52.4厘米，剑体宽阔，中脊起线，双刃呈弧形，于近锋处收狭。圆盘形剑首，圆茎上有

[1] 史记上的名字是鼫与，又名於睗、鹿郢，详见《史记·越王句践世家》。

战国越王者旨於睗剑

两凸箍，箍饰变形兽面纹，茎绕丝质缠缑。剑格两面铸双钩鸟虫书铭文，正面为"戉（越）王戉（越）王"；反面为"者旨於睗"。字口间镶嵌着薄如蝉翼的绿松石，现已有部分脱落，脱落处可见红色粘接材料的痕迹。从成分材质上来看，战国越王者旨於睗剑的合金配比同样完美，其所用的铜、锡质地纯净，几乎没有杂质，少铅无铁，含锡量在16%到18%之间。宝剑经过铸造、磨削、抛光等工序，剑体表面光洁无瑕，锈蚀极少。越国铸剑师极其高超的铸剑工艺在这把宝剑上可见一斑。历年出土的吴越剑中，如此漂亮的青铜剑极为少见，可谓剑中极品，绝对值得一赏。最重要的是，这把名剑本身具有传奇故事色彩，欣赏剑本身的同时，更可一赏剑背后的精彩故事。

句践卒，子王鼫与立。王鼫与卒，子王不寿立。

——司马迁《史记·越王句践世家》

杭州这块风水宝地，自古便是吴、越两国相争之地。大多数时间里，杭州都在越国境内。

赏越王者旨於睗剑，便是重温这段越国称霸的历史故事。近看宝剑之锋利，远观英雄称霸之雄威。此剑，既是浙江省博物馆的镇馆之宝，也是丝毫不输给越王勾践剑的越国宝贝。若说越王勾践剑见证着它的主人勾践卧薪尝胆灭吴的那段复国往事，那么越王者旨於睗剑见证的就是越王鼫与带领越国的腾飞。

而我们的故事，就要从越王鼫与继承君主之位后说起……

越王鼫与此时正坐在王座上，左手抚摸着王座一侧，

越王剑

右手握着一把极为漂亮的铜剑，正来回端详。

下方站着一位拱手作揖的大臣，恭恭敬敬地开口道："大王，不知唤臣来所为何事？"

越王鼫与挑了挑眉，抬头看了一眼下方站着的卫大夫，沉稳开口："寡人新铸一把剑，特请卫大夫前来观之。"

卫大夫闻声，微微抬头，隔着一段距离，聚精会神地仔细打量着越王手里来回翻转的剑。

此剑，光鲜亮丽又杀气逼人，卫大夫看了片刻，复又抬手作揖道："大王，此剑实乃剑中极品！"

越王鼫与似笑非笑地看了卫大夫一眼，突然发问道："比之寡人之父的佩剑……如何？"

卫大夫猛然一怔，抬起头看了越王一眼，赶忙撩起袍子跪在地上："大王，昔日吴王阖闾攻越兵败，后亡。其子夫差练兵三年，大败我越兵，越国几亡。先王领五千残兵退守会稽，内取十年生聚、富国强兵之策，外示弱求和于吴，后又卧薪尝胆、忍辱负重、以身报国……后，越国方灭吴国。大王之父乃是当世之霸主，然虎父无犬子也。今，大王即如此剑，内在刚硬，外表华美，静时光彩闪烁，动则杀气冲天、所向披靡！大王无须与前人相比，时不同则际遇不同。大王继承霸业，必有一番大作为！"

越王鼫与听到此，仰头大笑几声："大夫不愧是寡人的良臣呐！确如大夫所说，孤一出鞘，谁与争锋？"越王鼫与握着手中的宝剑跃跃欲试，眼神中闪烁着兴奋的光芒："寡人一定能带着越国走向更为强大的霸主之路！礼乐征伐自寡人出的日子……不远矣！"

之后，在杭州这片沃土上，越王鼫与果如卫大夫所说那般，继承了其父越王勾践的才智、能力与霸气，一步步带着自己心爱的佩剑开启了越国的争霸之路。

战国水晶杯：
"穿越"千年，请君一杯水酒

战国水晶杯，现藏于杭州博物馆，于1990年出土于杭州市半山镇石塘村，为战国晚期水晶器皿。战国水晶杯是迄今为止中国出土的早期水晶制品中器形最大的一件。从其工艺水平来说，战国水晶杯是当之无愧的绝世珍品，同时也是杭州博物馆最有名气的一件镇馆之宝。1993年7月6日至8月26日，战国水晶杯在深圳举办的"杭州文物精品展"中展出。2000年10月22日至11月1日，战国水晶杯在杭州市园文局主办的"杭州文物精品展"中展出。2002年1月18日被国家文物局列入《首批禁止出国（境）展览文物目录》。

战国水晶杯高15.4厘米，口径7.8厘米，底径5.4厘米，整器略带淡琥珀色，局部可见絮状包裹体。器身为敞口，平唇，斜直壁，圆底，圈足外撇；光素无纹，造型简洁，颇有现代水杯的外形特征。正是因为战国水晶杯独特的形状，让人不得不怀疑这件宝物是"穿越千年"的产物。但根据权威鉴定，此物的确是战国时期的物品。

战国水晶杯的稀有独特之处在于它由一整块水晶

打磨而成，且经过了极为细致的抛光处理，是中国早期水晶器皿中个头最大的一个。显而易见，这么一块完整的高品质水晶器皿非常罕见。无论是从工艺还是原材料上来说，在战国时期的生产条件下，这件宝物都非常难得。更何况，战国水晶杯因为工艺的复杂、高纯度水晶搜寻的困难以及酷似现代水杯的外表，早就披上了一层神秘的彩色面纱。

关于这件战国水晶杯，自面世以来一直存在许多争议。就其材料来说，浙江省地矿厅表示中国找不出这样的高纯度水晶。那么，这么高纯度的好水晶又是从哪里来的呢？所以到现在为止，水晶的来源依旧是一个未解之谜。其次关于抛光也有一些疑问。通常来说，水晶杯的外壁抛光会相对简单，但是因为水晶杯上宽下窄，工匠师傅的手是不容易伸进去的。那么这水晶杯内部是怎么被打磨到这么光滑平整的呢？到现在为止，我们依旧不知道古代的工匠是如何做到这一点的。再有一点争议就是关于取芯，我们都知道水晶的硬度很高，非常难以加工。更何况水晶杯是斜壁，上宽下窄的杯形必然会造成加工过程更加复杂。苏秉琦先生曾在看到战国水晶杯后，对它的制作工艺产生了疑惑。苏秉琦先生推断水晶杯很可能使用了和玉器相同的制作工艺，也就是用了管钻的方法。但也有相关研究人员推断这件国宝级的战国水晶杯可能使用的是金刚砂磨的制作方法。总之，战国水晶杯究竟使用了哪种工艺制成，到现在还是一个谜。

无论有多少争议，但其实在鼎盛的战国时期，玉器加工技术已经很发达。纵使水晶的硬度较高，可是使用金刚砂类的中间介质对其加工还是可行的。此外，水晶对于古代人来说，拥有不同的寓意。古人认为，嘴里含着水晶能起到止渴的作用。而且水晶晶莹剔透，有吉利的象征意义。以当时战国制作这件水晶杯的难度情况，不断推断出这件水晶杯绝非实用型的杯子，它的身上一定背负着特殊的精神信仰寄托！

水晶，中国古代的称呼有水玉、水精、玉英等。《山海经》曾录："又东三百里，曰堂庭之山……多水玉……"《广雅》有巧解："水之精灵也。"屈原《九章》曾写："登昆仑兮食玉英，与天地兮同寿，与日月兮同光。"

水晶晶莹剔透、素净温润，自古便被人们认为是吉祥之物，代表着圣洁，凝聚着天地间的灵秀之气。

我们的战国水晶杯，不仅凝聚着水晶的美，还因为它的难得可贵，彰显着它背后主人的地位财富身份，甚至是精神的寄托。

而我们的故事，就要从战国水晶杯背后的主人讲起。

楚怀王熊槐①，芈姓熊氏，楚威王之子，楚顷襄王之父，战国时期楚国第三十七位国君。

一日，楚王槐夜间入梦，梦中一阵恍惚，转瞬便来到一片江南水乡的绝美风景之中。

近处湖水潋滟，远处山色空濛。楚王槐微眯着眼，负手而立，站在岸边欣赏着这秀丽的山水风光。

当漫天霞光囊括在这一方如仙境一般的天地之间时，楚王槐深吸一口气抬起头，便看见半空之中红光处，一容貌风姿极为卓绝之女子，正凭空踏步款款而来。此女头上金爵钗，腰佩翠琅玕。明珠交玉体，珊瑚间木难。罗衣何飘飘，轻裾随风远。顾盼遗光彩，长啸气若兰……

①楚怀王熊槐（约前355—前296）楚威王之子，楚顷襄王之父，战国时期楚国第37位国君，"怀"为谥号，按照当时的习惯称呼，我们在故事中称其为楚王槐。

楚王槐心生惊奇，下意识上前一步，眼前突然恍惚，再睁眼时，自己也悬浮在半空中与对面突现的女子隔着几米对视。对面之人翩若惊鸿，婉若游龙，荣曜秋菊，华茂春松，髣髴兮若轻云之蔽月，飘飖兮若流风之回雪。之前远望，如朝霞般绚丽；如今近距离凝视，又若清水涟漪中的芙蕖一般清透。

楚王槐悦其淑美，心生振荡，便开了口："寡人乃是楚王槐，楚威王之子！"

对面的女子衣裙飘带随风浮动，肩若削成，腰如约素。微微屈膝，颔首礼成之时，延颈秀项，皓质呈露。此女丹唇外朗，皓齿内鲜，一开口声若黄鹂："妾，巫山之女也，闻君游于此地，故特来相见。今特备水酒一杯，不知可否请君一饮？"

楚王槐微微含笑点头："可！"

之后，神女一挥手，天空中的霞光红云自发凝结成蒲团、桌椅等物。

楚王槐与神女顺势面对而坐。

神女再一挥手，从广袖中取出一晶莹剔透的水晶杯立于桌面，杯中自行凝结而成一杯水酒置于楚王槐面前。

楚王槐抬头看了对面的神女一眼，神女含着笑举止之间矜持有礼，随即抬手示意楚王槐饮下此杯。

楚王槐端起面前晶莹剔透的杯子仔细打量揣摩，随即仰头一抿，水酒入喉甘冽清新，令人回味无穷、心神震荡。

战国水晶杯

神女见此，便再次开了口："妾闻君之父楚威王，曾联秦伐魏，期间魏赂秦上洛，于是秦国倒戈，魏国在南阳击败楚军，是为陉山之战。苏季子①也曾曰：'楚，天下之强国也；大王，天下之贤王也。……地方五千里，带甲百万，车千乘，骑万匹，粟支十年。此霸王之资也。'不知君可有此称霸之心？"

楚王槐听到此，手握水晶杯，看着空了的杯子，长叹一口气，对曰："寡人祖上，亦有称霸诸侯、问鼎中原的庄王。祖上庄王举不失德，赏不失劳。贵有常尊，贱有等威，礼不逆矣。德立、刑行、政成、事时、典从、礼顺。灭庸而楚内乱夷矣，连巴秦而楚之外援固矣，灭庸以塞晋之前，结秦以挠晋之后，斯不待陆浑兴师，而早知其有窥觎周鼎之志矣。"

顿了顿，楚王槐将手中的水晶杯稳稳的放置在二人面前的桌子上，神色威严的看着对方，接着说道："寡人乃庄王之后，岂有不称霸之心？楚国国力强盛已有庄王在位之势，故而楚国自有称霸反制秦魏之时！"

神女抿着笑，神色间带着几分崇拜与害羞之色："楚王果然有龙凤之姿、霸主之势，妾愿君早日实现宏图大业！就如此杯，凝剔透清秀之灵气，以坚硬之身囊括天下江河！"

楚王槐随着神女手指的方向，看着桌子上被他才饮用过的水晶杯出神……

一个恍惚间，梦醒。

楚王槐睁开双眸，梦中发生的一切竟然都清晰了然。只是此刻，梦中仙境、水晶杯和神女都已不见，眼前依

---

① 苏秦（？—前284年），己姓，苏氏，名秦，字季子，战国时期的纵横家、外交家、谋略家《史记·集解》谯周曰："苏秦字季子。"

旧是熟悉的内殿陈设。昏暗的光晕之中，楚王槐觉得有几分窒息感。微眯着眼，竟然只是刚刚梦醒，他便想再闭上眼入梦。

这么想着，楚王槐也就这么做了。

只是可惜，往复三次，都不能再入刚才的梦境。

沉吟片刻，楚王槐从床榻上坐起身，对着殿外的侍从开口，声音中满是威严怒意："来人！更衣！传唐昧①来章华台！"

立刻有殿外的侍从上前恭敬行礼开口："诺！"

不多时，唐昧被传来，恭恭敬敬的跪在楚王槐的面前。

大殿之上，唯有君臣二人。其余侍从侍女等闲杂人等皆被屏退。

唐昧跪伏在地，恭恭敬敬抬手作揖道："不知大王唤臣前来有何吩咐？"

楚王槐单手扶额，微眯着眼，屈膝盘坐在主座上，沉吟片刻后，终于再次打破殿内的宁静："不穀一梦，见天上一神女特赠不穀一杯水酒。梦醒，踌躇反侧难以入眠，思其神女音容笑貌、叹其器皿精致、爱其景色秀美……故唤尔来观天象、解不穀之惑。"

唐昧微微颔首，沉吟片刻后恭恭敬敬回复道："大王，容臣明日一观天象后，再前来为大王解惑！"

楚王槐微眯着眼，终于抬头看了一眼前方跪伏在地

---

①唐昧（？—前301），祁姓，唐氏，名昧，楚国将领、天文学家。司马迁《史记·天官书》记载："在齐，甘公；楚，唐昧；赵，尹皋；魏，石申。"唐昧效力于楚怀王。在周赧王十四年（前301），齐、魏、韩三国联兵攻伐楚国，双方在垂沙（今河南唐河县）大战，唐昧兵败被杀。司马迁《史记·屈原列传》："其后，诸侯共击楚，大破之，杀其将唐昧。"

的唐昧："准！"

唐昧闻声，准备爬起后退三步离开时，楚王槐说了句："且慢！"随后楚王槐起身走至一侧书桌前，用笔在一卷竹简上洋洋洒洒写了许多，随后起身亲自上前将手里的这卷竹简交给唐昧："此内记录不穀之梦，不可示与他人！"

唐昧收到楚王槐眼神中的暗示和煞气后，更加恭敬地双手捧起竹简，规规矩矩低头："诺！"

……

一日后，唐昧自观星台而来，带着观星的结果前来拜见楚王槐。

唐昧："臣夜观天象，红鸾星入天枢。大王，见神女乃是吉利预兆，梦中大王借水玉杯饮用一杯水酒更是吉兆！大王顺应此梦即可！"

楚王槐眼神中放光："不穀可能再入此梦境？"

唐昧微微垂眸，思考片刻说道："恐……不可！大王，此乃天意、天命、天运也！非人力所能及！"

楚王槐闻声，叹了口气："天与之，岂有不受之理！罢了，不穀命你督造梦中器皿！此乃不穀梦中所见之物，此物用整块水玉制成，晶莹剔透，取来饮水，沁人心脾！"

楚王槐递给唐昧一块绢帛，上面画着的赫然就是上宽下窄、杯侧壁格外光滑的透明水杯。

唐昧看了看，开口道："大王，此物若以水玉为本体制作……恐难做成啊！如此大小的一块完整水玉，并不易得，一切得看天意！"

楚王槐负手而立，器宇轩昂："以我楚国之盛，还得不到一块水玉？唐昧，你需什么尽管着人去寻！此物必盛来面见不榖！"

唐昧恭敬作揖行礼："诺！"

……

三年后，唐昧终于得到了一块完整的水玉并召集楚国能工巧匠完成这件旷世之作。

当唐昧捧着精致的水晶杯拜见楚王槐时，楚王槐眼神中的思念之情，丝毫不减当年："阔别三年，再未入梦！唯有此物……方能一解愁思之苦啊！"

楚王槐摸着手里光滑的水晶杯侧壁，看着里面盛满的水酒，仿佛一瞬间又入了梦，与那神女对饮畅谈。

唐昧看到此，恭敬作揖行礼道："大王，苏秦曾言'纵合则楚王，横成则秦帝'。大王乃当世之贤君仁君明君也，今又得此天选之物，定能所向披靡、引领楚国愈发强盛！"

楚王槐抚摸着杯子，微微叹了口气："思念成疾，祸其在此乎？然不榖心怀楚国，必不负尔等！此物，乃神女所赠，今楚国得此神物，必能所向披靡、问鼎中原。想必楚国称霸之日，已不远矣！"

唐昧面露喜悦，复又抬手作揖行礼道："大王英明！"

楚王槐握着杯子,抬头看了唐昧一眼:"你去吧,来人,传屈原!不榖知他擅长辞赋,望能为不榖之梦撰写一赋。"

唐昧恭敬回道:"诺!"

一旁的侍从也规规矩矩行礼道:"诺!"

……

公元前299年,楚怀王与秦昭襄王会盟于武关,秦昭襄王将楚怀王扣押,胁迫其割地。楚怀王被扣三年,楚怀王之子楚顷襄王不思救父且自立为王。

幽禁三年里,承载了一丝希望的水晶杯依旧陪伴在楚怀王左右。后,楚怀王担心此杯落入秦国,便差心腹暗中辗转将其送回楚国,并交代:将此杯葬于余杭之地,以期魂入此杯,与此杯共佑楚国上下永享昌盛繁荣。

楚怀王为楚国利益,拒不割地,秦国不能得地且不能以所签订盟约为借口攻打楚国,楚国暂保。

公元前296年,楚怀王客死于秦,梓棺返楚,楚人皆怜之,如悲亲戚[1]。

后有宋玉的《高唐赋》[2]传世,此赋或与楚怀王这段梦境情缘之事有关。

[1]《史记·楚世家》:"楚人皆怜之,如悲亲戚。"
[2]《高唐赋》"玉曰:'昔者,先王尝游高唐,怠而昼寝,梦见一妇人。'"《高唐赋》是战国末期辞赋家宋玉创作的一篇名赋。此赋在序中通过对话描述楚顷襄王之前的某位楚王与神女巫山欢会的故事。本文引用《高唐赋》的传奇故事合理想象,结合战国水晶杯的独特性,造就一场穿越千年的梦境之恋。

第三章

入世之物，开启名郡钱唐

东汉青铜神人车马画像镜：
骏马日行三万里，酣畅淋漓

东汉青铜神人车马画像镜，于 1999 年在杭州半山镇石塘村出土，现藏于浙江省博物馆。铜镜直径 19.7 厘米，厚 0.9 厘米，圆钮，圆钮座。其中四乳钉将纹饰分为四组，分别是东王公、西王母和六马驾车两组。画面动静结合、线条顺滑清晰，神人的祥和端庄与车马的飞驰奔放形成了鲜明的对比。

两汉时期，经济、文化的发展都达到了前所未有的高度。人们对于铜器的制造转向了铜镜方面。在两汉时期，铜镜铸制业获得了很大的发展，汉代的铜镜拥有薄体、圆钮、圆形、装饰程式化等特点，且在不同的阶段拥有鲜明独特的风格。

西汉初期至西汉中期、末期的铜镜花纹镜面较为平整，镜子边缘简洁，有较强的装饰性。汉代初期，延续了战国时期铜镜的装饰特点，采用较多的是主纹与底部纹饰相结合的重叠式手法。汉武帝前后时期，铜镜的形状及花纹都有了比较明显的变化，花纹往往以镜子的圆面中心对称，或者是均匀地被分成四个区域。当时流行简化蟠螭纹镜、星云纹镜和草叶镜。

西汉末期至东汉初期，主打的是规矩镜，外国学者通常也称之为TLV镜。规矩镜的造型有一定标准，通常是将镜子背面均匀地划分为若干个装饰区域。其中钮座的外形有圆形、方形、覆斗形等。钮座的幅面为内区，基本上都是花纹。圆钮为中心，铜镜内区的四面通常都是TL形状的花纹，它们呈对称结构，排列在主花纹周围。其中，有名的规矩四神镜是在内区主花纹的位置铸造玄武、青龙、朱雀、白虎四方神兽。

东汉中期至末期，出现了浮雕式的创作方法，铜镜的布局划分趋向简单，主要的类型有画像镜、双夔纹镜、蝙蝠纹镜和方铭镜等。

东汉铜镜

我们这一节的主角就是汉代铜镜中非常具有研究价值的画像镜。画像镜与当时的画像石、砖的作风非常相似,都是以浅浮雕的形式来表现人物、鸟兽等内涵。

东汉青铜神人车马画像镜图案清晰、制作精美,能够反映出汉代精湛的铜镜制作工艺,也表现了当时的审美和思想观念。

汉代作为我国铜镜发展史上的第一个高峰,其代表性的铜镜——东汉青铜神人车马画像镜具有很高的研究价值。通过东汉青铜神人车马画像镜表面的纹饰,能够看到汉代阴阳学说的痕迹,东王公、西王母能够呈现出东西对称、阴阳共生等内涵,也让我们能一观汉朝人的审美情趣。六驾马车又传递出了一种奔涌向前的信号,与前面两组的东王公、西王母有了动静结合的韵味,增强了画面的趣味性。

言而总之,东汉青铜神人车马画像镜的美,要在不断的观察研究中方能一一体现。若有兴趣,可前往赏之。

《艺文类聚》卷十二《帝王部二》中记载,三国时期吴国官员、文学家薛莹曾曰:"明帝自在储宫,而聪允之德著矣,及临万机,以身率礼,恭奉遗业,一以贯之,虽夏启周成,继体持统,无以加焉,是以海内乂安,四夷宾服,断狱希少,有治平之风,号曰显宗,不亦宜乎。"

汉明帝刘庄[①]在位期间,招抚流民,救济贫农,兴修水利,使得吏治清明,境内安定,民安其业,户口滋殖,与其子章帝刘炟统治时期合称"明章之治"。而我们的故事,就发生在汉明帝刘庄的盛世治国时期的某一个梦

① 刘庄(28—75),字子丽,东汉王朝第二位皇帝,光武帝刘秀第四子。《后汉书·显宗孝明帝纪第二》:"显宗孝明皇帝讳庄,光武第四子也。母阴皇后。"

境之中。

一日，明帝在寝殿中小憩，享受难得的午后静谧。忽然，梦中一阵云雾扑面而来，明帝随即在梦中起身腾飞到半空中，迎着云雾上前一探虚实。

明帝拨开云雾的刹那间，斗转星移，场景瞬间转换。只见明霞升空映红天地，远处山峦起伏郁郁葱葱，天高云淡，视野开阔。明帝独自一人站在山巅之上，脚下是万丈悬崖，悬崖之下又是瀑布水潭，轰隆的水声带着几分豪迈，朝着远处一望无际的密林奔去。

明帝精移神骇，忽焉思散，仰头观之，偶见半空云雾彩霞之中，青鸾上昂首伫立的仙人身影翩若惊鸿。再看仙人身下的青鸾神鸟，只见其羽色华丽，展翅遨鸣于天地之间，令人心生敬畏。

明帝望着远处彩霞云带间突现的青鸾以及青鸾上昂首伫立的仙人，心中惊骇不已。良久，方能开口吐字，但此时声音中依旧隐隐带着几分颤抖："仙人驾到，刘庄恭请圣安！"

天空中悬浮着的仙人气度卓绝，仪态雍容婀娜，悬浮站立在天地间时，自有一股不输给男儿的威严霸气。仙人开口回道："吾乃西王母！"

明帝一听，立马撩起袍子就地跪拜："刘庄拜见西王母！"此时明帝内心是激动与惊骇交加。只觉得自己后背汗水涔涔。

西王母在半空中看着远处跪拜行礼的明帝，神态愈发慈和。恰在此时，天空中突然几声响雷，明帝乍一抬头，便看到另一侧天空中又突现一位神仙，其浑身气度卓尔不凡，自然是一位与西王金母旗鼓相当的上古大神。

就在明帝疑惑之时，西王母再次开口，并抬手介绍悬浮在另一边的乃是"东王公"！

明帝一听，复又恭敬跪拜曰："刘庄拜见东王公！"

顿了顿，明帝开始继续说道："帝辟阴阳兮造化张，神生七政兮，精华光，圆覆方载兮，兆物康，臣敢只报兮，拜荐帝曰皇。大高降恩鉴，微情何以承，臣愚端拜，坚寿无极并。"①

西王母和东王公对视一眼，两位天尊皆是满意地点了点头，东王公终于开口道："陛下以身率礼，恭奉遗业，一以贯之，虽夏启周成，继体持统，无以加焉。西有西域之治、北有黄河之固，然东南有一风水宝地却迎水河之患。吾在此现身，望陛下能铸一枚铜镜，囊括阴阳、天地、神明，镇于此风水宝地，以保地安民、造福苍生！"

明帝恭恭敬敬又原地跪拜一次行大礼曰："仰惟圣神！予祗承天序，惟神昭鉴！神功圣德慕于心！"

待到明帝再次跪拜起身之时，天空中早已不见西王母和东王公的踪影。取而代之的，乃是六马车驾。六匹骏马矫健飞驰，车后七彩长绢帛随风飘扬，在漫天的霞光之中，美得让人痴醉。

骏马拉着车驾缓缓停靠在明帝面前，明帝略微沉吟，随后果断上了马车，车内横放一张纸条，上曰："至钱唐，临浙江，水波恶。"明帝仔细观之，然后将纸条收入怀中。

① 参考《大明会典》第八十二卷记录的祭天文中的"中和之曲""元和之曲""太和之曲""清和之曲"。

东汉青铜神人车马画像镜

　　随后，骏马飞驰在云霞之中带着明帝畅游天地。逸兴遄飞之间，明帝感慨道："骏马日行三万里，酣畅淋漓！"此所谓"侍青銮以云耸，夹丹辇以霞飞"。

　　……

　　后，梦醒，明帝坐起身，再定睛一看，发现自己依旧独坐寝殿之中。四周陈设未有一丝一毫变化，但梦中之事却依旧记忆犹新。明帝微眯着眼，沉吟片刻便果断招来太史令复说此梦。

　　再之后不久，一枚青铜镜按照明帝的要求铸造而成，并派官员秘密送至钱唐一带找一宝地妥善埋藏以保地安民。此青铜镜样式极美，镜上一组图案为神态温厚亲和的东王公与仪态端庄的西王母，另一组便是线条流畅奔放又处理得极为严谨漂亮的六马车驾图形。

明帝的这场梦,展示在了这面青铜神人车马画像镜上,而明帝爱民如子祈求国泰昌盛的心也随着这面画像镜一起,送至钱唐这一块风水宝地,保存了几千年。

东汉越窑青瓷钟：
凝聚酒水潋滟之美

东汉越窑青瓷钟，通高27.7厘米，口径11.6厘米，底径14.2厘米，从上往下观赏分别是：盘口、长颈、扁鼓腹、喇叭状高圈足，是浙江省博物馆陶瓷馆的镇馆之宝之一。这件文物是青瓷模仿青铜器的代表作，同时也是中外陶瓷界公认的成熟东汉青瓷的标准器。东汉越窑青瓷钟的造型庄重娴静、颇具美感，且两只耳朵上有叶脉纹。需要说明的是，有无叶脉纹是判断一件青瓷是否是东汉时期的重要标志。

与春秋战国乃至西汉时期相比，东汉的青瓷制作技术有了很大的发展。东汉青瓷胎质坚硬，胎色多为淡青灰色或者是灰白色。其瓷化程度比较高，敲击时会听到清脆的响声。

越窑是中国古代南方著名的青瓷窑，越窑所在地主要是在越州境内，其越窑之名，最早见于唐代，主要在越州境内，唐代通常会以所在州名命名瓷窑，故名越窑。生产的年代从东汉开始，一直持续到宋朝。越窑烧制瓷器技艺之精湛，为全国之冠。而这件东汉越窑青瓷钟，更是东汉时期越窑瓷器的上乘佳作。东汉时期是越窑的创造与发展时期。到唐宋时期，越窑青瓷颇受文人墨客与皇室贵族的喜爱。越窑青瓷，在一定程度上也添补了杭州一带越地的文化生活底蕴。

"钟"是一种容器，也指一种酒杯，引申为"专注""集中"之义。《康熙字典》中对钟的解释为："《玉篇》：聚也。《左传·昭二十一年》：天子省风以作乐，器以钟之。注：钟，聚也。以器聚音。"

钟，本身是青铜器中的一种酒器。所谓千钟百觚，钟盛酒水，觚直接用来饮酒。《孔丛子·儒服》曰："尧舜千钟，孔子百觚。"又可见汉朝孔融（153—208）的《与曹操论酒禁书》："尧不千钟，无以建太平；孔非百觚，无以堪上圣。"

青瓷器廉价实用，方便清洁，更适合日常使用在东汉时期发展迅速。

而我们的故事，就是从一位东汉时期会稽郡的窑工讲起……

会稽郡有一位手艺出挑的吴姓工匠，大家都叫他吴工。吴工是钱唐县人，他有一位师父，是当地烧制青瓷手艺最好的师傅，人称老吴师傅。老吴师傅也是钱唐人，吴工是他的义子，也是他最得意的徒弟。师徒二人一直效力于同一家窑厂，皆烧得一手漂亮的好青瓷。师徒二人在窑厂内外也算是很有名气的匠人。

一日，吴工来找老吴，师徒两人坐在泥胎瓦房内聊着天，享受着难得的休闲时光。吴工看着四方桌对面坐着的师父，抿了抿唇，将水杯置于掌心紧紧握着，犹豫半晌才开口说道："师父，我这段时间造的青瓷都太像玉器了。"①

①陆羽《茶经》中说道："若邢瓷类银，越瓷类玉。邢不如越，一也。若邢瓷类雪，则越瓷类冰。邢不如越，二也。"

第三章　入世之物，开启名郡钱唐

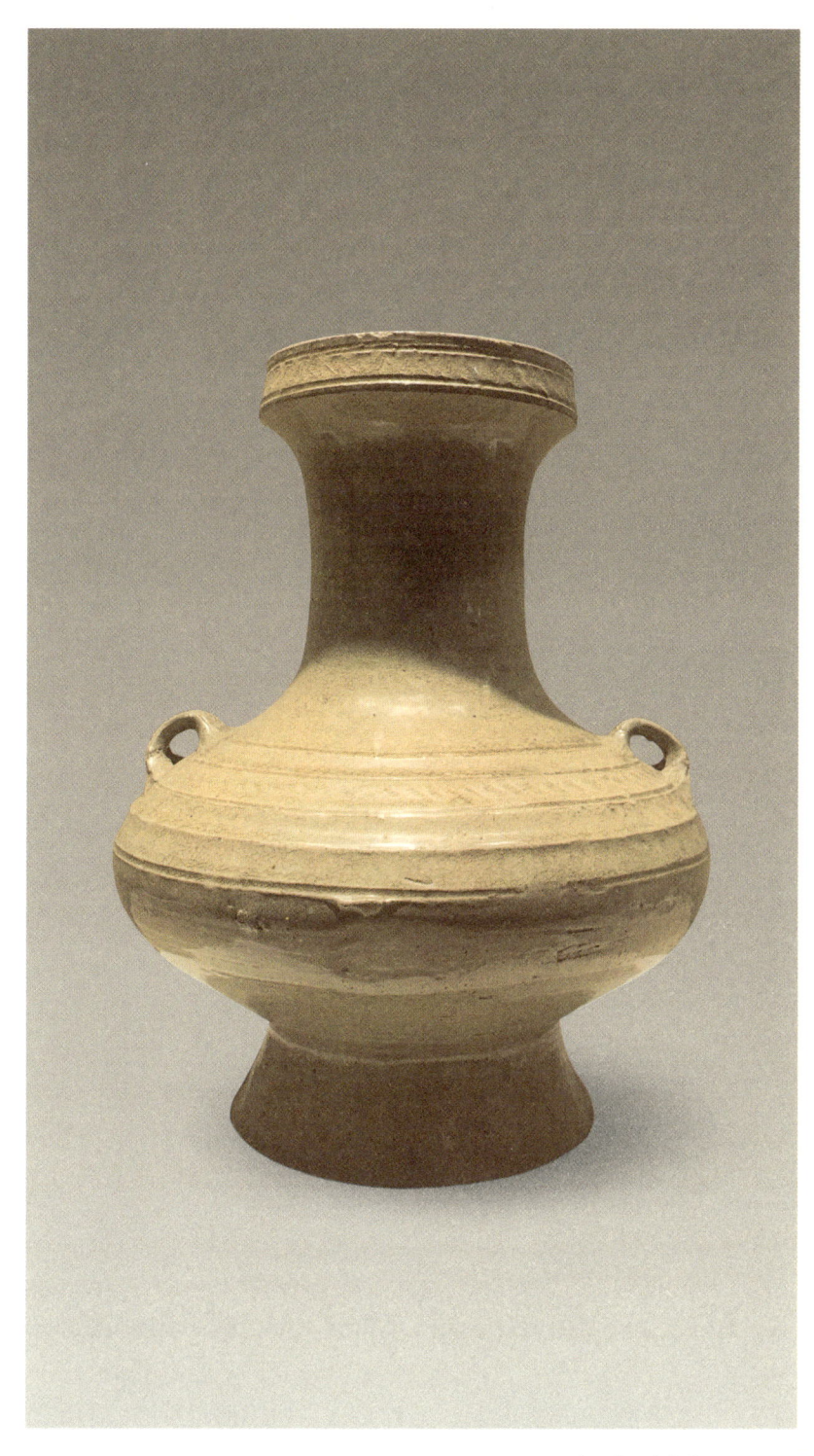

东汉越窑青瓷钟

老吴抬眼瞥了吴工一眼，布满沧桑的面容上带着几分骄傲和认可："青瓷不像玉器还能像什么？孩子啊，能烧制出像玉器的青瓷是你的福气啊！这证明你能吃烧瓷这碗饭。你看看咱们窑厂，能有你这份手艺的年轻师傅有几人？所以呐，你要知足！"

吴工下意识地开口说了句："谁说青瓷就只能像玉器，徒儿一直想着若有一件像铜器的青瓷，那得多漂亮！师父你看，上面一直都说让我们烧制些上乘的青瓷器，可现在窑厂内烧来烧去就是那些普通的器形。说实话，徒儿觉得烧制那些小件还不如烧制青瓷钟呢！"

老吴微眯着眼，低头看着手里的水杯摇了摇头，神色间带着几分拒绝的意味："不行！青瓷钟若要烧好，太难了！在咱们现在的这个手艺活里，想要用青瓷替代铜器，尤其是大型的器物……极为不容易。徒儿啊，你以为烧制青瓷钟就只是烧成就完了吗？其形状、胎质、装饰、釉色等等，哪一个容易？你若说烧个觚，为师还认为可行些。"

吴工阴沉着脸将手里的水杯放在木桌子上，随后紧抿着唇，双手抱胸，翘着二郎腿微微呼了口浊气，抬头看着自己师父，坚定地开口道："可我不想烧制觚，我就想烧个青瓷钟出来，师父不是一直说咱师徒的手艺都是这窑厂内顶顶好的吗？那徒儿就想试一把，徒儿想豁出这身手艺本事，也要烧出一件最漂亮最成形的青瓷钟来！"

老吴起身，放下手中的水杯，走过来拍了拍自家徒儿的肩膀："孩子，有目标是好的。但你想烧的这件青瓷实在不容易啊！就算是我，也不敢夸下海口说能烧制出这样一件宝贝来。你说说，你到时候如果动静闹腾得太大，又交不出货来，上头会怪罪、窑厂内的其他匠人会笑话你……孩子，你可想过你做这件事要承受些什么吗？"

吴工仰着头，看着老吴，神色肃穆："可是师父，自古而来，哪一件能够传世的瓷器是那么容易就烧制成的？徒儿既然想烧制这么一件青瓷钟，那徒儿心里就做好了要承受一切后果的准备。不过师父放心，徒儿还是有几分信心的，我想我一定能烧出来。"

老吴看实在劝说不动，便打算让事实教会自己徒儿什么该做什么不该做："好，那你去烧吧。只是别怪师父没提醒过你，这青瓷钟的胎质、装饰、釉色要想出彩，得细细琢磨、反复试验。最好一批多烧制一些，然后你再多记录记录，把每次的配比写下来。如果没烧成，事后你也能明白自己错在哪里。反复试验，反复烧制，才能成功。徒儿啊，若你真的能如愿以偿，必然能受到上面的赏识。说不定，还真能扬名后世！"

吴工知道自己师父这是在给自己树立信心外加指导呢，便笑着赶忙起身抱拳行礼："师父放心，徒儿懂得！"

跟自己的师父老吴分开后，吴工说干就干。从原料开始，吴工亲自精挑细选。取的瓷土，一定要最好最完美的，如果不够好，那就自己筛。淘洗的部分，吴工用上了自己所有的耐心，花费了好几天时间，只做这么一件事，为的就是能把土里的杂质过滤得干干净净。捣洗、拉坯的环节，吴工用了自己最大的劲儿，增加了比一般青瓷制作捣洗、拉坯更多的时间。就连制坯时使用的陶车，也都是吴工专门重新制作的。

而到了修坯的环节，吴工更是不敢怠慢。为了让手里这件青瓷器更为完美，吴工不断地增加修坯的次数和时间。

一次修坯失败了，吴工就从捣洗、拉坯的环节开始再来。数个青瓷瓶的修坯好不容易完成了，吴工还要给它们刻花，也就是要在坯体上雕刻纹饰。按照自己的想象，吴工选择了大气简洁的花纹，不繁杂却光滑。最后是上釉，让整件器物看起来有一种光滑透亮的质感。

到了这一步已经非常不容易了，几乎是无数次的失败才终于来到了最重要的一个环节：烧制。

将上好釉的器物小心翼翼地放入窑炉之中，开始焙烧。

高温、炙热，考验的不只是青瓷器本身，更是创造它们的窑工的耐心和意志力。

等待，伴随着焦灼；急切，夹杂着希望。

吴工安心地守着自己的窑炉，在所有工匠不解的眼神中，在自家师父一次次路过时的叹气声里，吴工等到了他要的成果。

数个青瓷钟，终于成功了一个。

当吴工打开窑炉，看到面前完美到让人几乎一眼就会爱上的青瓷钟时，眼泪都忍不住夺眶而出。

不容易，太不容易了！

闻声围过来的其他窑工们，也纷纷将注意力集中到了吴工面前的这件青瓷钟上。

釉层薄而透明，色彩明亮，纯净素雅；纹饰简洁端庄，整体造型线条又格外流畅生动，胎质细腻匀薄又格外轻巧。

近看，处处可见上等青瓷的特点；远观，又让人浑觉是一件青铜制作而成的青铜钟。

不得不说，这件青瓷钟太完美了，堪称他们窑厂的巅峰之作。

吴工的师父也是老泪纵横，上前紧紧地抱住了自己的徒儿："徒弟啊，你要扬名后世了啊！有了这件青瓷钟，你算是熬出头了！孩子，好孩子！师父替你高兴，真的替你高兴！"

旁边的工匠们也纷纷跟着夸赞：

"是啊，吴工，你可算是熬出头了！"

"我就说嘛，苦心人天不负！吴工一直不放弃、一直努力地烧青瓷钟，那就是咱窑厂里的头一份！"

"是啊，吴工值得，真的值得！"

"这应该算是咱们窑厂里最漂亮的一件青瓷钟了！吴工，你厉害啊！"

"吴工，上头知道了肯定要嘉奖你！吴工你就等着领赏吧！"

"吴工，你教教我们吧，跟我们说说你烧制这青瓷钟的经验！"

"我觉得吴工现在真的是继承老吴所有的本事了，以后吴工也是窑厂里资历最高的师傅了！"

"吴工，恭喜恭喜！这件青瓷钟确实烧制得漂亮！"

……

吴工因为这件青瓷钟扬名一时。自然，这件烧制得特别漂亮的青瓷钟也成为了贡品送到皇宫之中。每当宫内有重要宴会之时，这件青瓷钟都会盛满酒水，傲然挺立在宫殿之内，在无数人的注目之中，彰显它独特的美。

永不放弃、精益求精的工匠精神，与这件东汉越窑青瓷钟一起，彼此成就。吴工终于实现了他师父的期许，真的熬出头了，他不仅给自己带来了荣耀，也为钱唐县带来了荣耀。

而当时的人们不会想到，这件青瓷钟不仅在当时是万里挑一，就算是在几千年后，它依然傲立于瓷器界，并成为了浙江省博物馆的镇馆之宝之一。

东汉黑釉人物龙虎瓶：
形神俱足，釉瓷精品

东汉黑釉人物龙虎瓶，又名东汉越窑褐釉龙虎人物纹堆塑器，现藏于浙江省博物馆，是浙江省博物馆陶瓷馆中的精品佳作，也是中国黑釉瓷界非常著名的一件作品。

东汉黑釉人物龙虎瓶的尺寸为：高41.8厘米，腹径21厘米，口径4.3厘米，底径16.7厘米。

这件东汉黑釉人物龙虎瓶，长颈为竹节形状，扁状的圆腹，平底，颈部堆塑一人作攀登状拥抱着瓶颈，背面的人则是倒立状态，且他两手往上搭着攀登者的右手臂。瓶子四周是三兽头与五飞禽相间，其瓶子上腹部的装饰为数圈凹弦纹。整体来看，这件东汉黑釉人物龙虎瓶上，一人左手执捧，右手牵一虎，另一人侧目而视，也是左手执捧，但右手牵着龙。龙与虎之间，还各自堆塑了一引颈的巨禽。整体造型可以说非常具有动态美。

黑釉瓷，是指釉面呈现黑色或者黑褐色的瓷器，其主要的呈色剂为氧化铁及少量或微量的锰、钴、铜、铬等氧化着色剂。其实，无论是黑釉、青釉、黄釉还

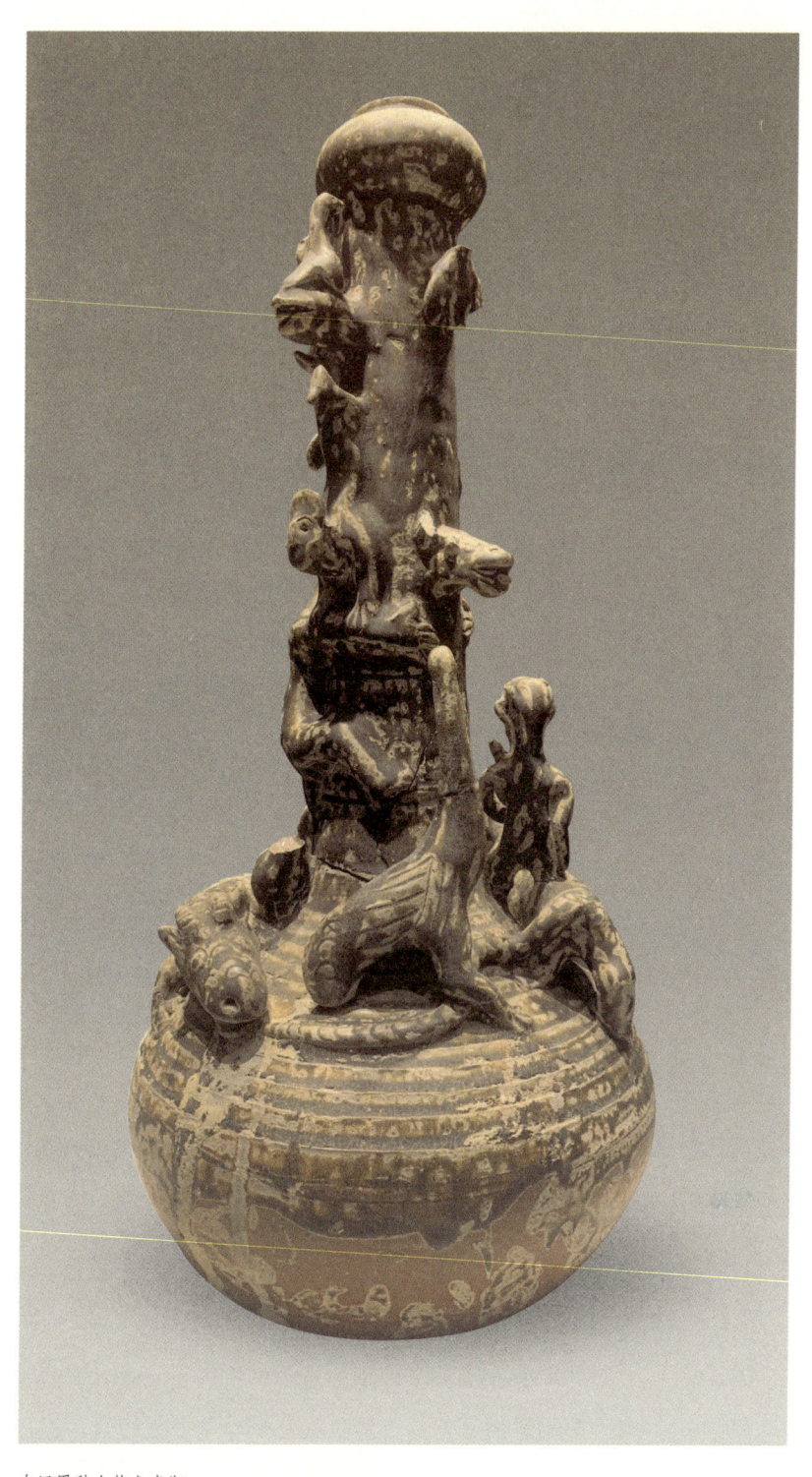

东汉黑釉人物龙虎瓶

是褐釉，都是依靠铁元素着色。常见的赤褐色、暗褐色瓷器，釉料中氧化铁比例为 8% 左右，当釉层加厚到 1.5 毫米时，烧成的釉色即呈纯黑。

中国古代陶瓷的发展史，基本上就是对于铁元素的掌控史。

当铁元素含量在 1% 以下，也就是几乎不含铁的时候，就是透明釉，中国传统白瓷的釉色就是透明釉。

当铁元素含量在 2% 左右就能烧制成青瓷。

当铁元素含量在 6%—8% 左右，且釉层加厚到约为 1.5 毫米时，烧成的釉色即呈现纯黑。

黑釉瓷，起始于东汉时期，后又在两晋时期发展成熟。黑釉瓷，是东汉时期瓷器的一种象征。色泽黑亮如漆、闪闪发亮的黑釉瓷，堪比漆器之美，但又有瓷器温润透亮的质感。值得一提的是，浙江德清窑的黑釉瓷先行发展，之后北方才开始烧制黑釉瓷器。

东汉中期，是黑釉瓷器发展的较早时期。这一时期的黑釉瓷，釉色通常为深褐绿色或黑色，釉层往往薄厚不均，常有蜡泪痕，并在器表的底凹处聚集着很厚的釉层。

东汉黑釉人物龙虎瓶，产自黑釉瓷发展的早期，但它色泽均匀、造型别致、形神俱足，是东汉时期非常漂亮的成熟型黑釉瓷，也是难得的精品佳作。黑釉瓷作为中国陶瓷大家庭的成员之一，经常被忽略。但这件东汉黑釉人物龙虎瓶会作为代表，谱写中国黑釉瓷发展史的辉煌篇章。

汉章帝时期，汉章帝刘炟[1]因素知其父汉明帝苛切，故事从宽厚、政宽刑疏、禁用酷刑，使得当时的东汉实现政治清明、经济繁荣的局面，被后人称为"明章之治"。[2]

《全晋文》卷八十一中薛莹道："章帝以继世承平，天下无事，敬奉神明，友于兄弟，悉省徭赋，绥静兆民，除苛法，蠲禁锢，抑有仁贤之风矣。是以阴阳洽和，而百姓安乐；众瑞并集，不可胜载，考之图籍，有征云尔。"

盛世太平，百姓富足安乐，自然也会体现在瓷器的发展和创造之上。

在东汉之前，原始青瓷的灰釉陶是黑釉瓷的起源和前身，因其胎及釉中铁的含量较多时会呈现出饴釉般的灰黑色。直到东汉时期，在今浙江北部地区终于将其改良到了完美的境界，通过控制添加釉料中的铁含量有意识地使釉呈黑色。我们的故事，就从控制釉料中的铁元素开始。

有一位大匠[3]奉命在会稽一带靠近余杭钱唐县的位置烧制黑釉瓷。大匠得到消息，特意召集了会稽郡烧制陶瓷最好的几位工匠师傅来商讨。

大匠说道："诸位对于烧制黑釉瓷一事，可有什么想法？"

一位姓洪的师傅说："大匠，这黑釉瓷……烧是不算难的。但要按照大人您说的……烧的颜色要那么的……均匀光亮……却是不容易啊！"

旁边的另一位齐姓师傅也跟着说道："是啊是啊，

---

[1] 刘炟（56—88），东汉第三位皇帝，光武帝刘秀的孙子，汉明帝刘庄第五子。

[2]《后汉书·肃宗孝章帝纪第三》中记载："章帝素知人厌明帝苛切，事从宽厚。感陈宠之义，除惨狱之科。深元元之爱，著胎养之令。奉承明德太后，尽心孝道。割裂名都，以崇建周亲。平徭简赋，而人赖其庆。又体之以忠恕，文之以礼乐。故乃蕃辅克谐，群后德让。谓之长者，不亦宜乎！在位十三年，郡国所上符瑞，合于图书者数百千所。乌呼懋哉！"

[3] 大匠，又称为将作少府或者将作大将，负责官室、宗庙、陵寝等的土木营建。《汉书·百官公卿表第七上》："将作少府，秦官，掌治宫室，有两丞、左右中候。景帝中六年更名将作大匠。"

老洪说得对啊！不是我等不想烧，而是这黑金的量，真的不好把握。哪怕少了一点点，出来的颜色也千差万别。从祖宗那儿传下来的瓷器里，还未有大匠您说的那样的。所以，我等怎么可能烧出那么漂亮的黑釉瓷器啊！"

大匠看着面前的几位烧制瓷器的工匠师傅，带着几分威严开口道："本官奉敕而来，是无论如何都要尔等交这么一件色泽光亮匀称的黑釉瓷器的！再说，如今天下太平，百姓安居富足，陛下又仁德治国，国库充裕。尔等自己说说，让尔等烧制一件黑釉瓷又有何难？推脱是推脱不掉的，好好准备吧。若烧成，重重有赏！若有疑难，尽管来找本官！行了，都下去吧。就你们两位带头做长，促成此事！"

……

大匠指的当然就是刚才主动开口的洪师傅跟齐师傅。其他工匠都不敢多言，待到从大匠府邸出来后，几人这才忍不住摊手做无奈之状。

洪师傅叹了口气："这可如何是好啊？"

齐师傅捋着胡须也跟着叹息道："做吧，就把祖宗们都做不到的事情做到又如何？如今有官府的支持，正是你我一展手艺的时候啊！老洪，若做出大匠要求的这件瓷器，你我都算是扬名于后世了。"

齐师傅换了个角度的安慰起到了作用，洪师傅点了点头："是啊！若能完成一件出挑的黑釉瓷，那真的是，后辈们都跟着荣光了。可是，这黑釉瓷若要烧得均匀光亮谈何容易？这黑金的控制比例怎么调试？老齐，你我也不是没尝试着烧过黑釉瓷，可哪一次成功了？往往烧出来的都是釉层薄厚不均，还有蜡泪痕！那个样子，怎么能作为贡品往上面送？"

齐师傅叹了口气，继续捋着自己那本就不多的胡须开口道："老洪，别丧气！我们慢慢做，慢慢尝试。总归有这么一众兄弟帮衬着。而且大匠也没规定具体的交货时间。只要有时间，又有你我两人仔细琢磨，总归能试一试的！"

其余人也跟着附和："是啊是啊，老齐说得对！老洪你也别太丧气，兄弟们还没开始做呢！说不定真的能烧出来，到时候官府一定会奖赏我们的！"

无论大家此刻心里怎么想，但这件事确实是要开始做了。

东汉黑釉人物龙虎瓶（局部）

回到窑厂后，洪师傅负责去找适合烧制黑釉瓷的紫金土，齐师傅带人准备烧造过程中要用到的其他工具。

现在最难的，就是配置黑釉中黑金的比例了。

一开始的烧制，出来的都是酱色釉，颜色黑得不够亮、不够纯净。洪师傅和齐师傅等人叹息几声，又得再来一次。

后来，两位师傅又发现，烧制的时候釉层薄厚和窑炉内的温度高低也能影响这黑釉瓷最后的效果，两人带着其他几个工匠又不得不花费更多工夫在这两方面。

冬去春来，时光荏苒。

耗费了无数个日夜的心血，一件雕刻精美、釉色绝佳的黑釉瓷终于烧制成功了。

这件瓷器，蒜头状的头部，竹节形的长颈，扁圆的腹部，平整的底。长颈上堆塑着一个人抱着那纤细的长颈攀登，背面一个人倒立着，两手搭着前面这人的右臂。两人，一人左手棒、右牵虎，一人左手棒、右牵龙，龙虎之间乃是引颈巨禽。

釉面光泽，色黑如漆，人物形象生动逼真，那黑釉瓶上雕刻的两人让人看着，不免会想到为烧制这黑釉瓷忙活了大半年的洪师傅和齐师傅。二人终于掌握了烧造黑釉瓷的正确方法。这确实是他们最成功也是最得意的作品。两人带着窑厂的一众工匠们，靠着这件黑釉人物龙虎瓶得到了官府的嘉赏，而且还彻底出名了。风光一时的匠人们不会想到，他们凝结辛勤汗水与智慧的这件东汉黑釉人物龙虎瓶，不仅仅是在东汉那个时期闪耀，它还耀眼于后世，被后世的人们欣赏赞美。因为东汉黑釉人物龙虎瓶既代表了黑釉瓷烧制初期的水平，在中国瓷器界黑釉瓷这一篇章上留下了浓墨重彩的一笔。

第四章 稀世之珍，见证自唐而荣

唐钱镠金书铁券：
心有铁券，陌上花开

　　唐钱镠金书铁券，又名唐乾宁四年金书铁券，长52厘米，宽29.8厘米，厚0.4厘米，系熔铁铸成；上有凹下用黄金镶嵌的字342个，其中正文325字，主要内容为表彰钱镠平定董昌叛乱的功绩，且券文明言"卿恕九死，子孙三死，或犯常刑，有司不得加责"。

　　唐钱镠金书铁券为现存年代最早的丹书铁券，是自唐朝至今留下来的唯一一块"免死金牌"。唐钱镠金书铁券流传千年间，几经周折最终为浙江嵊州长乐镇钱氏后裔所藏，并于20世纪50年代初捐献给浙江省博物馆收藏，1959年这件国宝级文物上调至新建的中国历史博物馆（现中国国家博物馆）收藏。现在浙江省博物馆展览的，是其复制品。

　　唐钱镠金书铁券在历史上曾受宋太宗赵炅、宋仁宗赵祯、宋神宗赵顼、明太祖朱元璋、明成祖朱棣和清高宗爱新觉罗·弘历等六位皇帝御览。其中明太祖朱元璋御览两次，清高宗在御览之后归还时还特赐宝匣装金书铁券，又亲作《观钱镠铁券歌》刻于宝匣上，连同金书铁券一起交还给钱氏子孙保管。

金书铁券的主人钱镠，于公元895年奉命讨伐叛贼董昌。在钱镠统一两浙后，唐昭宗于乾宁四年（897）赐钱镠金书铁券，并派遣中使焦楚锽亲自呈送赏赐。钱镠及钱氏子孙十分珍视这块御赐铁券，世代珍藏。

北宋太平兴国三年（978），吴越末代国王钱俶纳土归宋时，金书铁券也一并送至汴京。宋太宗观赏后，将金书铁券交还给钱氏家族自行保存。到宋仁宗时，铁券藏于驸马都尉钱景臻府中。1126年，金兵南下，汴京陷落，钱景臻死于战乱，其妻大长公主，也就是宋仁宗幼女在携子潜逃至浙江天台时，随身携带着这件金书铁券。1150年，元兵南下，钱氏家族携带铁券逃难时遗失，自此铁券不知所踪。直到1331年，一渔夫在黄岩县南的泽库深水附近偶然得到此铁券，后天台钱氏家族辗转购回，藏于天台钱氏宗祠之中。

明洪武二年（1369），明太祖朱元璋要仿效前朝帝王表彰开国功臣赏赐铁券，特意派遣人到台州，让钱氏将铁券送至京城来翻刻，翻刻之后仍将金书铁券送还给钱氏子孙世代珍藏。

明永乐十五年（1417），明成祖朱棣又派人到临海钱氏，让其奉铁券入京。朱棣在御览铁券后，仍然命钱氏后人将金书铁券带回临海钱氏宗祠，妥善交由钱氏后人保存。

清乾隆二十七年（1762），清高宗爱新觉罗·弘历在第三次南巡时想一睹这件稀世古物的风采，便让钱氏后人将金书铁券送到常州一赏。乾隆皇帝御览过这件金书铁券之后，依旧归还给了钱氏子孙。在归还时，乾隆皇帝极为喜爱这件金书铁券，因此特赐宝匣并作《观钱镠铁券歌》刻于宝匣上。《观钱镠铁券歌》为七言排律，原文如下：

表忠观永祀钱塘，铁券却在台州藏。久闻其名未睹物，秋卿同族今呈将。

铸铁如瓦勒金字，乾宁岁月犹存唐。皇帝若曰咨尔镠，董昌僭伪为昏狂。

披攘凶渠定江表，褆清赢泰保余杭。用锡金版永延祚，克保富贵荣宠长。

恕卿九死子三死，承我信誓钦毋忘。徒观剥蚀字漫漶，铁犹如此人何方。

龙门致诮带砺誓，赵宋转眼为新王。俊杰识时有弗较，善存桑梓功斯良。

其时铁券固不出，南迁后出方膻芗。作歌装匣付珍弄，所嘉谢表执谦光。

唐钱镠金书铁券作为珍宝中的珍宝，天下间独此一份。又因其主人钱镠建立吴越国的那段历史，唐钱镠金书铁券便跟杭州有了千丝万缕的联系。唐钱镠金书铁券极具研究价值，从这件铁券在中国历史上数次被皇帝御览这一现象，就足以看出它的珍贵。而要研究唐钱镠金书铁券，又需要研究的人去了解钱镠以及钱镠在杭州建立吴越国的那段荡气回肠的历史。唐钱镠金书铁券，作为吴越国的国宝在最开始的近一百年间都一直藏在杭州钱氏宗庙里，而我们的故事，就发生在这一百年间。

第四章 稀世之珍，见证自唐而荣

唐钱镠金书铁券

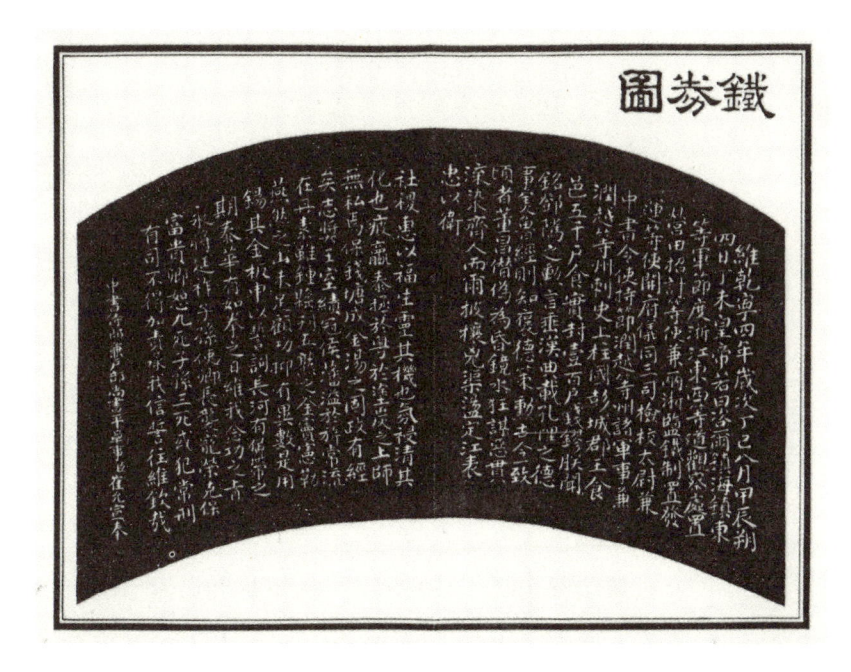

金书铁券

行密遣安仁义救昌。镠遣顾全武攻昌，斩崔温。昌所用诸将徐珣、汤臼、袁邠皆庸人，不知兵，遇全武辄败。……全武执昌归杭州，行至西小江，昌顾左右曰："吾与钱公俱起乡里，吾尝为大将，今何面复见之乎！"左右相对泣下，因瞑目大呼，投水死。昭宗以宰相王溥镇越州，溥请授镠，乃改威胜军为镇东军，拜镠镇海、镇东军节度使，加检校太尉、中书令，赐铁券，恕九死。

——《新五代史·吴越世家》

唐乾宁二年（895），董昌①在越州自立为帝，并任命钱镠为两浙都指挥使。钱镠得知此消息后如坐针毡，犹豫再三后，特意书信一封劝谏董昌："兄若当皇帝，则九族与百姓皆难免涂炭，不如安心当一个节度使寻求平安富贵啊！"可惜董昌没有听进去这封信的劝谏。无奈之下，钱镠只好亲自率领三千兵马前往越州，打算亲自劝说这位昔日对自己有大恩的贵人。

心急如焚的钱镠，一路马不停蹄自杭州出发去往越州，当他以最快的速度到达董昌管辖的越州地界时，董昌这位大老爷还满心欢喜地打算让自己的好兄弟亲眼见证自己登基为帝呢！

钱镠一路风尘仆仆，连脸都来不及洗一把，便拉着董昌的手进入内堂，屏退下人后，大哭道："兄糊涂啊！糊涂啊！"

董昌看到此，心底微凉。倒不是他觉得自己这位好兄弟煞风景，董昌了解钱镠此人，知其无意称帝夺位，故判断钱镠真如信上所说，的的确确是不赞成他此时称帝的。

①《新唐书·董昌传》："董昌，杭州临安人。始籍土团军，以功擢累石镜镇将。中和三年，刺史路审中临州，昌率兵拒，不得入，即自领州事。镇海节度使周宝不能制，因表为刺史。昌已破刘汉宏，兵益强，进义胜军节度使、检校尚书右仆射。"唐乾宁二年（895），董昌在越州（今浙江绍兴）自立为帝，国号大越罗平，改元顺天。唐乾宁三年（896）五月，董昌麾下骁将钱镠奉诏讨伐董昌。董昌兵败被俘，押赴钱塘县途中自尽。

董昌理了理情绪，赶忙将快要跪下来的钱镠一把拉起："具美，起来说话！"

钱镠拉着董昌的手，叹了口气："唉，糊涂啊糊涂啊！今越州易攻难守，兄基业不深，大唐气数强盛，陛下英明强治，陛下于忧患之时继任大统，后驱除权宦、伐房西川、讨伐晋藩，无不彰显其号令天下、恢复旧业之决心。兄此时称帝，危矣！危矣啊！"

钱镠这番话，信中无法明说，恐有心人劫走，故只能当面声泪俱下泣言。直到此时，董昌才觉得脊背发凉、浑身发冷，他的的确确是……被以往的军功冲昏了头，自以为帝王恩宠无限便轻视了那位蛰伏的明君。

回过神来，董昌拉着钱镠开始焦急结巴："具美，具美你要救我啊！我董家九族恐不保！"

钱镠看到此时的董昌，反而松了口气："此时除了向朝廷请罪，再无别的出路！"

董昌对视上钱镠如鹰的眼眸，沉吟片刻点点头："好，就按此办！"

……

只是可惜，唐昭宗[①]并不理会董昌此时的求情示弱。一日不忠，终生不用。这一信念，被唐昭宗贯彻得彻彻底底。

同年五月，唐昭宗削去董昌官爵，又封钱镠为浙江东道招讨使、彭城郡王，令钱镠亲自讨伐董昌。此举不可谓不狠辣。直到此时，董昌真正体会到了钱镠之前说

---

① 《旧唐书·昭宗本纪》："昭宗圣穆景文孝皇帝讳晔，懿宗第七子，母曰惠安太后王氏。以咸通八年二月二十二日生于东内。十三年四月，封寿王，名杰。"刘昫等《旧唐书》对其评价道："攻书好文，尤重儒术，神气雄俊，有会昌之遗风。以先朝威武不振，国命寝微，而尊礼大臣，详延道术，意在恢张旧业，号令天下。即位之始，中外称之。"

的那一番肺腑之言，也不得不感叹钱镠观人、识人的厉害。

所谓兔子急了还会咬人，被逼入死胡同的董昌，打算拼死一搏。知道最好的兄弟已无能为力之后，他转而向淮南节度使杨行密求救。

唐乾宁三年（896），杨行密派部将安仁义援救董昌，只是可惜，董昌遇上的是钱镠。钱镠用兵如神，又颇为了解董昌行军作战的套路，知己知彼，百战百胜。不久之后，钱镠任命顾全武进攻越州，随即越州攻破，董昌被俘。

直到此时，钱镠依旧在想办法想要保住董昌一命，但董昌却无颜再见昔日的好兄弟，于西小江投江自杀。

钱镠悲恸不已，心中从此更加确定了远离帝位的决心。登皇帝之位，便是隔绝一切，没了亲情没了友情，成为真正意义上的孤家寡人。

而这一切，并不是钱镠想要的。

但就是因为钱镠心无过度的贪念，唐乾宁三年（896）十月，唐昭宗又加封他为镇海、镇东两镇节度使，又加检校太尉、中书令，又赏赐了金书铁券，也就是民间老百姓们称呼的"免死金牌"。

钱镠金书铁券是一种象征，更是一种来自帝王的肯定，它比钱镠所获的官职称谓、富贵荣华、名誉这些更有价值。一份金书铁券，在钱镠看来，是唐昭宗对他安分守己、心无杂念的一种肯定，似乎也是对其他有反叛之心之人的一种威慑。

这是钱氏无与伦比的荣耀，但很可能也是钱氏未来灭顶之灾的导火索。

钱镠得到铁券后，将其供入钱氏宗祠，但心中依旧万般不安。无奈之下，只好与发妻诉说心中的忧虑。

钱镠的夫人吴氏，容貌端庄，气质娴静，秀外慧中，持家有方，对天下形势颇有一番见识，深得钱镠的敬重与喜爱。

夫妻二人，漫步于西子湖堤岸，又是一年春天，处处可见桃红柳绿、姹紫嫣红。钱镠牵着夫人吴氏的手，举目四眺，眉眼间难掩忧郁之色。

身旁的钱夫人捏了捏自己夫君的手心，开口道："夫君可是担忧金书铁券？"

钱镠闻声，下意识往后看，见侍女随从远远站立并未跟上来后，才松了口气，对自己夫人坦然道："是啊夫人，为夫内心有几分不安。"

钱夫人点点头："木秀于林，风必摧之，金书铁券于钱家的确是荣耀，但也是一份负担。俗话说，帝王之心不可测，昔日董昌不也是颇得富贵名望，可最后却……"

钱镠点头认可："确实，为夫担心的正在此处。如今你我掌家还好，不知后世愚钝子孙该如何处理此宝？"

钱夫人嘴角微微扬起："夫君之才，不只在行军打仗、治理一方，更在万事的取舍判断之间。在妾看来，钱家真正的金书铁券是夫君低调不贪又能心怀百姓的这份胸怀。若后世子孙能有夫君这份胸襟，倒也能逢凶化吉。"

钱镠对于自己夫人的称赞虽然欣喜，但终归还未能完全解了这忧虑。

钱夫人似乎也是知道钱镠的心思，便又开口继续劝道："夫君可还记得，去年寒食节妾回临安，夫君写给妾的信？"

钱镠微微沉吟片刻，复又抬头笑看着自己的妻子，眸中尽是温柔："当然记得！"

钱夫人抿着唇，神色间有几分害羞："夫君说，陌上花开，可缓缓归矣。如今，妾也将这话的另一层意思送给夫君。"

顿了顿，钱夫人搂紧身侧的钱镠，带着几分娇嗔的意味笑着说道："钱氏子孙只需心有铁券，便能守住这陌上花开。"

钱夫人的意思很明显：铁券本身并不那么珍贵，若守不住就交出去，钱家之心若不贪，钱家就不会陷入囹圄。

钱镠愣了愣，终于展颜一笑："这番安慰，为夫受用了！"

后，钱镠被封为吴越王，建立吴越国，却从未称帝。虽然吴越国内，钱镠是当之无愧的主人，但他却一直尊奉中原王朝为正统，遣使进贡，恪守臣礼。

钱镠既能守住钱氏的富贵荣耀与金书铁券，又能护佑杭州、越州一带的百姓，还能不被帝王猜忌，可谓是妥妥的人生赢家！

《十国春秋·吴越二》曾记载："是时中原多事，西川王氏称蜀，广陵杨氏称吴，南海刘氏称汉，长溪王氏称闽，皆窃大号。或通姻戚，或达聘好，咸以龙衣、玉册劝王自帝，王笑曰：'此儿辈自坐炉炭之中，又踞吾于上邪！'却之不纳，而诸国主亦无不以父兄事之。"

不得不说，钱镠治国治家的智慧，都在这金书铁券之事上集中体现出来了。换句话说，钱镠能有后来的成就，以及钱氏后人能够在五代十国的乱世之中偏安一隅，都与钱镠获得金书铁券前后的处世谨慎有关。

真正的金书铁券，早已烙印在钱氏后人的灵魂之中，铁券本身只是形式而已，钱镠与其夫人留给后人的钱氏家训才是真正的瑰宝。

"心有铁券，陌上花开"的这份智慧与心境，钱镠及钱氏后人，在守护金书铁券的数千年岁月中，都一一做到了。

五代吴越国鎏金铜释迦牟尼佛说法像
雷峰塔的镇塔之宝

唐五代鎏金铜释迦牟尼佛说法像,于2001年在杭州雷峰塔地宫出土,现藏于浙江省博物馆,是国家一级文物。此尊佛像通高68厘米,高肉髻,螺发,眉目修长、双眸微睁、眉间有白毫,双耳垂肩,面相方圆,颈部有三道蚕纹,身穿双领下垂袈裟,下摆披覆莲座,内着僧祇支,帛带于胸前打结。佛像左手抚膝,右手施说法印,结跏趺坐于莲台上,莲座下是盘龙柱和双层须弥座、方床。方床正面、侧面开有壶门,镂空的火焰纹为大背光,头光为圆轮状。盘龙绕着柱子向上托举着莲花座,龙的张扬和佛的静谧以及烈焰的腾跃,形成了非常奇妙的组合。

雷峰塔地宫出土的珍贵文物很丰富,这些文物皆是吴越国鼎盛时期国力的体现。文物中鹤立鸡群的突出代表,便是这尊唐五代鎏金铜释迦牟尼佛说法像。能够作为吴越国王室成员带头礼佛、供佛的代表。这尊雷峰塔地宫标志性的佛教造像处处突显出贵族造像的张扬,而且从造像中一些断裂的修补痕迹可以分析出,在放入雷峰塔地宫前,这尊佛像极有可能已经在吴越国王宫中被供奉多年。

透过佛像本身，我们看到的是佛像被供奉的那个时代杭州的文化、经济、信仰等。了解这尊佛像的前世今生，也会使我们去一赏杭州吴越国时期的那段辉煌历史：吴越国时期的杭州，美丽、繁华、富庶，因钱氏励精图治、与民休养生息、避免战争等策略，又因为杭州本身就拥有的鱼米之乡特质，使得当时的杭州一跃成为东南大都会，经济发展上甚至超越了当时的苏州。因此，杭州"人间天堂"的美誉，离不开吴越国时期的大力发展。吴越国时期，是杭州历史上非常辉煌的发展阶段。

钱氏家族礼佛崇佛的态度也影响了他们治国的策略。这尊唐五代鎏金铜释迦牟尼佛说法像发生的故事背景，便是忠懿王钱俶即将纳土归宋的时候。北宋开宝八年（975），钱俶应赵匡胤之约，出兵与宋会师攻南唐，自此南唐破灭，天下形势在于宋。也许在这个时候，钱俶就已经预判了吴越国的将来。而这投名状或许也是为了将来和平一统而做的努力。钱俶身为吴越王，自祖辈手里接过吴越国，勤勤恳恳，励精图治，不敢有丝毫懈怠，想他当时的内心深处必然是不情愿轻易交付国土的。北宋太平兴国①三年（978），钱俶在祭别钱镠陵庙时，失声痛哭："儿不孝，不能守祭祀，又不能死社稷。"另有《钱氏家训》传世，钱镠临终留下遗言，让后代若遇真主，宜速归附。我们不知是钱镠高瞻远瞩预判了后来吴越国的命运，还是钱氏后人为祖宗名誉而作此篇。但种种迹象表明，吴越国末代国王钱俶当时的确是纠结矛盾的。但他在纠结矛盾中，选择了最优策略。也因为他的选择，保住了当时杭州一带百姓们的安乐富足，让当时的杭州远离了战火硝烟，让北宋王朝在当时能够和平地一统中原大地。钱俶是伟大的君王，他继承了钱氏家族崇佛的特质，用"牺牲自我、保境安民"的

① 宋太宗的年号，吴越忠懿王钱俶亦用该年号纪年（976—978）。

五代鎏金铜释迦牟尼说法像

心，努力回馈着吴越国的百姓们。而这尊唐五代鎏金铜释迦牟尼佛说法像，便是吴越王钱俶爱民如子、崇尚和平的见证。

如今，我们希望能够透过这尊唐五代鎏金铜释迦牟尼佛说法像，穿越千年去体验那个时期的家国故事，看一看当时面临困境的钱俶。或许只有通过这尊唐五代鎏金铜释迦牟尼佛说法像诉说的故事，我们才能体会到当时钱俶面临抉择的痛苦与艰难。体会到了他的艰难，才更能了解到钱俶这位吴越末代国王的伟大之处。

公元977年的一天，吴越国王宫功臣堂一侧的一间佛堂内，檀香阵阵，沁人心脾。此时静谧的佛堂内，一尊外形极为漂亮、形态端庄慈祥的鎏金铜释迦牟尼佛说法像正被供奉在佛龛之中。佛龛前，金黄色的蒲团上则跪着神色肃穆的吴越王钱俶[①]。钱俶紧闭着双眸，右手握着的佛珠串儿颤颤巍巍地转动着，那佛珠就如此刻钱俶的心一样，颤动间难以平静："俶不孝，愧对神佛、愧对祖宗，今太祖皇帝已崩，赵廷宜[②]继位半年有余，迫其威严，俶恐难守社稷祭祀……"

言及此处，吴越王钱俶已经泣不成声。用握着佛珠串儿的手抹了一把眼泪，钱俶抬头望着这尊从祖辈那儿传下来的鎏金铜释迦牟尼佛说法像，目露崇敬与思念。这一刹那，他仿佛看到了祖上那位最厉害的吴越王钱镠正如他一般恭恭敬敬地跪拜在这尊佛像前为吴越国和钱氏子孙祈祷，他仿佛也听到了祖父、父亲对自己最温柔的劝诫。

叹息之间，钱俶复又低下头。他回想起自己这段时日所分析的赵宋形势，其实心底深处已经预测到了一年

[①] 钱俶（929—988），原名钱弘俶，因避宋太祖之父赵弘殷名讳，入宋只称俶，小字虎子，改字文德，杭州临安人，吴越国末代国君。详见《新五代史·吴越世家》。

[②] 宋太宗赵炅（939—997），字廷宜，宋朝第二位皇帝。本名赵匡义，后因避其兄宋太祖名讳而改名赵光义，即位后又改名赵炅。北宋开宝九年（976），宋太祖驾崩，赵光义继位，即位后使用政治压力，迫使吴越王钱俶和割据漳、泉二州的陈洪进于北宋太平兴国三年（978）纳土归附。

之后吴越国的结局,只是他还有些不甘心不想承认罢了。可就算不想承认,钱俶也不得不面对一个摆在他面前的事实:要么拼死一战,搭上吴越国将士的身家性命,让战火在这片祥和的土地上肆虐,要么双手奉上国土做一位亡国君王却能护佑百姓们安稳。一念及此,钱俶忍不住接着对这尊佛像叹息泣言:"神佛在上,祖宗之灵在侧,恭请听俶泣血一言。俶本欲守宗庙祭祀、励精图治,纵民耕之,公不加赋,使民心悦之。然赵廷宜虎视眈眈,若儿守宗庙则守不住我吴越百姓和西府①安宁。矛盾之心,令儿寝食难安、万般苦痛!钱氏立国,本因时逢乱世,民不聊生。祖父执法如山、爱民如子,睿智治国、共被天下……俶甚慕之!曾记祖父留遗训'凡中国之君,虽易异姓,宜善事之。要度德量力,而识时务,如遇真君主,宜速归附,圣人云顺天者存。又云民为贵、社稷次之。免动干戈'。今,俶即要遵从祖训,纳土归宋,忍辱负重做那亡国之君!唯愿吾吴越子民免于兵燹。俶失罪于此,乞蒙神佛、祖宗见恕!"

一次佛像前的诉说,聆听的不只是神佛,还有钱氏的祖辈,更有钱俶自己的内心。吴越王钱俶恭敬地跪拜磕头后,再直起身子,泪痕顺着脸颊滑过,滴在地上的泪像极了那一朵朵绽放的莲花。如佛语普度众生,如祖训爱民如子,吴越王钱俶在万般挣扎中渐渐坚定了自己的内心。钱俶望着佛像眼神中的慈悲,耳畔仿佛还有祖父在诉说着钱氏的祖训。以退为进,善事中原……哪怕独自承担起亡国的罪名,他也要守护这一方水土远离战火之苦。

公元 977 年的杭州百姓们,是感激吴越王钱俶的,因为他明明国力强盛,有抗衡之资本,却毅然决然为庇护百姓远离磷青骨白之苦而俯首称臣。而吴越王钱俶对这件精雕细琢自祖辈传下来的鎏金铜释迦牟尼佛说法像

①西府:吴越国时期对杭州的称呼。

雷峰塔地宫

也是心怀感恩,因这尊佛像坚定了他背负亡国之罪也要护佑一方百姓远离战火的信念。

胜残去杀、累仁恩于百年;保大定功,启明圣于千载。钱俶终因纳土归宋这件事被后世所敬仰。而在杭州这片沃土之上,钱俶的名字也被永远镌刻着,如一张烙印深深扎根在名人辈出的人间天堂。他的功德如他虔诚跪拜的这件鎏金铜释迦牟尼佛说法像一般,纵使经历沧海桑田,依然闪耀于世。

北宋太平兴国二年(977),钱俶在西湖南岸夕照山上建造雷峰塔。他将自己心中万般不舍的帝王业和见证了钱氏治国恢宏时期的鎏金铜释迦牟尼佛说法像,一同放入了雷峰塔的地宫之中。

太平兴国三年(978),吴越王钱俶奉旨入汴京后被扣留，自献封疆于宋，去吴越国王号。

自此，吴越国一军十三州、八十六县、五十五万六百八十户、十一万五千一十六士卒，皆免于战乱，安稳归顺于宋。

五代吴越国鎏金银阿育王塔：
来自雷峰塔，藏着佛舍利

鎏金银阿育王塔，于2001年在杭州雷峰塔地宫出土，现藏浙江省博物馆。鎏金银阿育王塔塔身高35.6厘米，底座边长12厘米，由纯银捶揲成形，整体铆焊套接。塔身方形，分别由基座、塔身、塔顶三部分构成，每面镂刻佛本生故事画面。鎏金银阿育王塔造型非常完整，是迄今为止所发现的镂刻佛教故事的阿育王塔中最清晰的一座，是研究阿育王塔非常珍贵的材料。

塔座侧面用菩提树、禅定小佛像四尊相间来作装饰。四面圆拱形龛内镂刻的佛本生故事分别是：摩诃萨埵太子舍身饲虎、快目王舍眼、月光王施宝首、尸毗王割肉贸鸽。

其中摩诃萨埵太子舍身饲虎出自《贤愚经》卷一《摩诃萨埵以身施虎品》，原文为："是时王子兴大勇猛，以悲愿力增益其心。虑彼二兄共为留难，请先还宫，我当后至。尔时王子摩诃萨埵，遽入竹林，至其虎所，脱去衣服，置竹枝上，于彼虎前，委身而卧。菩萨慈忍，虎无能为。即上高山，投身于地。虎今羸弱，不能食我，即以干竹，刺颈出血。于时大地六种震动，如风激水，涌没不安。日无精明，如罗侯障。天雨众华及妙香末，缤纷乱墬，遍满林中。虚空诸天，咸共称赞。是时饿虎即舐颈血啖肉皆尽，唯留余骨。时二王子生大愁苦，共至虎所，不能自持。投身骨上，久乃得稣。悲泣懊恼，渐舍而去。"

快目王舍眼出自《贤愚经》卷六，原文为："谓昔有快目王，以仁慈治世，依佛法修行布施。敌国之王使盲目婆罗门来乞王眼，王喜，剜两眼着掌中，立誓若当成佛道，应令此盲人因安我眼而得视。即以眼安盲人眼眶中，果见光明。时天帝来问王有悔恨不，王言不悔，并誓曰：我剜眼布施，毫无悔恨，以求佛道，若当成者，使我两眼平复如故。誓已，两眼复明，倍胜于前。"

其余两个佛本生故事月光王施宝首和尸毗王割肉贸鸽，立意与上面两个佛本生故事相似。了解这四个佛本生故事，便能更加了解鎏金银阿育王塔在吴越国末代国王钱俶心中的地位与价值。毕竟，吴越王钱俶也选择了这四个佛本生故事中的寓意，最终纳土归宋。

北宋开宝五年（972），五代吴越国末代国王钱俶开始打造此塔。太平兴国二年（977），吴越王钱俶在西湖南岸夕照山上建造了佛塔——雷峰塔。

值得一提的是，雷峰塔就是用来供奉这座鎏金银阿育王塔内置金棺中的"释迦佛螺髻发舍利"的。若无供奉着"释迦佛螺髻发舍利"的这座鎏金银阿育王塔，或许杭州就要失去雷峰塔这颗西湖南岸的明珠。不得不说，这座鎏金银阿育王塔和雷峰塔之间有着极深的缘分。鎏金银阿育王塔不仅承载着吴越王钱俶的精神信仰和寄托，也担当着雷峰塔塔魂的角色。当然

第四章 稀世之珍，见证自唐而荣

鎏金银阿育王塔

了，它更是后世杭州雷峰塔大放异彩的动力源泉。

观赏鎏金银阿育王塔，不仅能够一窥吴越国钱俶时期的动人故事，还能深入了解雷峰塔的前世今生。

宋太宗太平兴国二年（977），宋太祖赵匡胤建立的大宋已然统一北方，偏安东南一隅的吴越国正面临着纳土归宋或者拼死一搏的战略抉择。吴越王钱俶却在此时决定亲自督造一座佛塔立于西湖南岸的山上。

有一位名臣，名曰范赞时[①]，乃是吴越国秘书监，被吴越王钱俶召来，商讨此事。

范赞时恭敬跪地行礼："吾王万安！"

钱俶背着手绕着御书房中央方桌上摆放着的鎏金银阿育王塔，微微叹了口气："哪有什么万安呐！唉，范监平身吧！"

范赞时微微抬眸看了一眼那桌子上端坐着的鎏金银阿育王塔，便想起此塔的打造是因为五年前王上偶得"佛祖髻发"舍利后，专门用金棺银塔此种最高规格来瘗埋佛舍利。而如今，吴越国纳土归宋的日子已不远矣，范赞时只是看了一眼，便猜到了吴越王钱俶此时的想法："吾王，可是想安稳地将佛祖舍利留在吴越国？"

钱俶叹了口气，眉眼之间有几分忧虑之色："本王自知吴越之地早晚归宋。但奈何，此佛祖舍利乃是得祖上庇佑方得，怎可轻易割舍？本王本愿是想佛祖舍利永留吴越西府一带，护佑临安钱塘一地子民，遂想建造佛塔一座，深藏此供奉佛祖舍利的阿育王塔。"

范赞时双手微微交叠在腹部，低头垂眸，沉思片刻后开口谏言："吾王若造佛塔深藏佛祖舍利，则需找一个万全的理由，否则……将来宋帝恐难放过此塔啊！"

钱俶微眯着眼，一只手扶着下巴，眼神中带着几分深邃："本王召范监前来就是为商讨此事。不知范监可有良策？"

范赞时想了想，开口说道："吾王可以宠妃得子之名义而建佛塔，虽要担负一些后世谣传之名，但此法算

[①] 范赞时，苏州吴县人。吴越国官吏，历仕吴越朝散大夫、检校少府少监、秘书监，宋仁宗庆历中赠太子少傅、太师、唐国公。北宋名臣范仲淹之祖，吴越中吴节度判官范梦龄之子。

第四章 稀世之珍，见证自唐而荣

雷峰夕照

是最为可行之法了！"

钱俶听到范赞时如此说，恰巧想到自己的爱妃黄氏生子，眼下这个理由的确是可以拿来掩盖他想将这座鎏金银阿育王塔永留吴越国中心的想法。

想到此，钱俶眉眼之间的忧虑散了一些，便抬起头笑看着范赞时，眼神中带着几分坚定之色："此阿育王塔四面镂刻的故事，范监可知？"

范赞时微微上前，仔细看了看，才认认真真、恭恭敬敬回复道："启禀吾王，此阿育王塔四面镂刻的故事依次是摩诃萨埵太子舍身饲虎、快目王舍眼、月光王施宝首、尸毗王割肉贸鸽。"

钱俶点点头，感慨附和道："是啊，都是佛祖本生的故事。昔有佛祖刺身出血、舍身饲虎、牺牲自我、解救苍生，今本王为护佑我吴越国子民而担负一丝昏庸的骂名，又有何惧？"

范赞时听到此，眼眶微微湿润，吴越王钱俶一生信佛，如今留住佛舍利在吴越国，为的绝对是吴越国的万千子民。这位君王已经放弃了自己主政一方的想法，选择了纳土归宋这条平顺的路，选择了保护百姓安宁，远离战火之苦。如今，这位君王在如此痛苦艰难的时刻，还想着把护佑这一地百姓的佛祖舍利留在吴越之地。这份胸襟气度，不禁让人动容，有如此君王，范赞时深知是自己的荣幸。

雷峰塔遗址出土的《华严经跋》残碑

范赞时压下此时心中的万千感慨，恭恭敬敬地复行大礼，道："吾王圣明！"

……

后，钱俶督造七层佛塔，也就是西湖岸边的雷峰塔。雷峰塔之下的地宫中便藏着这座鎏金银阿育王塔。民间相传，吴越王钱俶为庆祝宠妃黄氏得子而建佛塔，所以名其为"皇妃塔"或"黄妃塔"，甚至后世有诗曰："西湖南岸夕照山，夕照山上雷峰尖。白蛇留在湖南岸，谁知塔为黄妃添？"由此可见，当时的人们确实不知道钱俶建造雷峰塔真正的原因。但历史是公平的，时间会证明一切！钱俶爱民如子的心，随着岁月的冲刷，终于显露了出来！

吴越王钱俶也确如他所说，本着"慈洽苍生，拯救危苦，使百姓蒙益"的初衷，奉献自己拯救万民。钱俶相信："纵使吴越国纳土归宋，但雷峰塔底埋藏的鎏金银阿育王塔会永远护佑着吴越国的子民，永远保佑钱氏家族，永远守护中原。"

自钱俶那个时代开始，雷峰塔与它守护的这座鎏金银阿育王塔一起，继承了吴越王钱俶的遗志，世世代代护佑着这一地的百姓永享安康富足。

五代吴越国"千秋万岁"铭鎏金银垫：凝聚祥和之气，护佑吴越之地

五代吴越国"千秋万岁"铭鎏金银垫，于2001年在杭州雷峰塔地宫出土，为一级文物，现藏于浙江省博物馆。此垫直径25.4厘米，钱径2.6厘米，厚0.05厘米，重98.5克。

五代吴越国"千秋万岁"铭鎏金银垫呈圆形，为镂空薄片状，正中间镂刻一枚"千秋万岁"铭圆形方孔钱，整体以联珠纹分成内外两圈：内圈装饰着两对鸳鸯，鸳鸯的四周镂刻着荷花；外圈装饰六只展翅高飞的鸿雁，鸿雁周边则铺陈枝蔓缠绕的忍冬纹。五代吴越国"千秋万岁"铭鎏金银垫整体布局齐整有序，显现出鸟语花香与温馨祥和。其中，银垫中间的方孔钱上每面皆捶揲有楷字"千秋万岁"，有繁荣昌盛与幸福美满的寓意。

"千秋万岁"一词，常见有三重解释：其一为形容岁月长久；其二是祝人长寿的敬辞；其三是讳称帝王死亡。古籍中常见其释义，如《韩非子·显学》："今巫祝之祝人曰：'使若千秋万岁。'千秋万岁之声聒耳，而一日之寿无征于人，此人所以简巫祝也。"汉阮籍《咏怀诗·十九》："千秋万岁后，荣名安所

五代吴越国"千秋万岁"铭鎏金银垫

之？乃误羡门子，噭噭今自蚩。"《梁书·太祖五王传·南平王伟传》："下官历观世人，多有不好欢乐，乃仰眠床上，看屋梁而著书，千秋万岁，谁传此者？"《新唐书·礼乐志九》："臣某等不胜大庆，谨上千秋万岁寿。"《史记·梁孝王世家》："上与梁王燕饮，尝从容言曰：'千秋万岁后，传于王。'"不作赘述。

要深入地了解五代吴越国"千秋万岁"铭鎏金银垫，还需回顾这件文物创造和安置的历史时期。北宋太平兴国二年（977），吴越王钱俶在西湖南岸夕照山上建造了佛塔——雷峰塔。当时还是吴越王的钱俶，将自己心中万般不舍的帝王业和见证了钱氏治国恢宏时期的珍宝一同放入了雷峰塔的地宫之中，这些珍宝之中就有这件五代吴越国"千秋万岁"铭鎏金银垫。北宋太平兴国三年（978），钱俶奉旨入汴京后被扣留，自献疆土，去吴越国王号。

那么，结合这段历史，再看这件五代吴越国"千秋万岁"铭鎏金银垫时，会觉得"千秋万岁"一词与当时吴越国乃至吴越王钱俶的处境很不和谐。可若细想之，又似乎能从"千秋万岁"一词以及五代吴越国"千秋万岁"铭鎏金银垫上的纹饰中读出钱俶内心深处对吴越之地的不舍与眷恋。即将消亡的吴越国与这件"千秋万岁"铭鎏金银垫之间，看似矛盾的结合，实则是彰显着吴越王钱俶爱民护国的一份忠诚之心。

或许在当时，吴越王钱俶是有心要将"千秋万岁"的美好寓意藏在雷峰塔中的，吴越王钱俶想要让承载着"千秋万岁"的文物们与佛舍利一起护佑杭州一带百姓的安稳富足。百姓永享太平安乐、吴越之地远离纷争战火，应当就是吴越王钱俶心中真正的"千秋万岁"。今借五代吴越国"千秋万岁"铭鎏金银垫中心的方孔钱，让我们穿跃千年，去看看当时这件"千秋万岁"铭鎏金银垫放入雷峰塔之后的动人故事，去体会吴越王钱俶心中真正的"千秋万岁"。

（端拱元年）八月，王疾稍瘳，遣子团练使惟演诣阙谢恩，贡上黄犀带一、大玉带四、金饰酒器一千事、黄绢草书八幅、隶字四幅，太宗抚问再四。是月，敕遣皇城使李惠、河州团练使王继恩，同王子惟演，赐王生辰礼物。国信至，王扶疾拜命，与来使燕接极欢。二十三日晡时，王于寝斋之西轩，命左右读《唐书》数篇，又命诸子孙诵调章诗叶数篇，未讫，忽风恙复作，四鼓而薨。是夕，大流星坠于正寝之上，光烛满庭。王以天成四年八月二十四日四鼓而生，复以端拱元年八月二十四日四鼓而薨，以生记薨，实周一甲子矣。即日，王继恩先还京报讣，太宗闻之，哀悼不已，诏废朝七日，复敕王继恩押入内班贾继勋护丧归于京师。

——《吴越备史·补遗》

端拱元年（988）农历八月二十四日，这日正是钱俶六十岁的寿辰。待到宋帝使臣李惠离开后，钱俶才找到机会到后庭休息片刻。

此时，钱俶正躺在院落一棵桂花树旁的躺椅上，双手抱着暖炉微眯着眼休憩。晚风微风拂过，几朵桂花随风落在钱俶的身上，为月色之下的这份宁静平添了几分光彩。

朦胧之中，钱俶似是入了梦，神恩有了几分恍惚……

迷迷糊糊间，钱俶望见引路的侍人，引路的侍从站在此间庭院的入口处便停下脚步，侍从转身恭敬地对范赞时行礼道："范公请进！"

范赞时背着手，冲身侧的小厮点了点头，随即弯腰提起袍子走进了庭院之内。

此时，庭院之中只有钱俶和范赞时二人。

范赞时几步便走到了钱俶面前，恭敬跪地的范赞时，没去看依旧闭着眼休憩的钱俶，而是规规矩矩地低头小声呼了句："吾王万安！"

钱俶闻声，微微睁开眼眸，俯身看了一眼跪在自己面前的范赞时。恰遇微风拂过，鼻息间的桂花香浓郁了几分，钱俶只觉得恍如昨日一般，这一刻的他仿佛看到了曾经还在吴越国西府时的情景：那还是太平兴国二年（977）的时候，他要在西子湖畔建造专供佛舍利的佛塔，为寻求一个妥善的方法安置佛祖舍利时，曾招来范赞时与他二人私下商议。之后建塔一切顺利，宋帝并未疑心。直到将珍宝与佛舍利一同放入塔内地宫之时，他才满心波动与不舍！当时唯愿吴越一地永享"千秋万岁"与富贵祥和，却从未想过有朝一日自己与故臣相见时会有多么地思念故土、思念佛塔、思念那些深藏在吴越西府的珍宝们……时光荏苒，此景此情再现之时，却已然是物是人非！

回过神来的钱俶，微微抬起一只手，随后开口道："起来吧，你不必再如此跪拜我了！"

范赞时听着钱俶虚弱无力的声音，眼眶微微有些湿润，鼻息间也难掩一股酸涩。点了点头，范赞时撩起袍子起身，规规矩矩站在钱俶面前："吾王，您还是邓王，所以您还是吾王！"

钱俶强撑着笑了，摆摆手："知你一片心意，本王已满心感激！坐吧，等你许久了，这是今年的新茶，才拿出来泡了泡，你来得晚了，不知这茶是否凉了些？喝一口看看……可有当年西府新茶的味道？"

五代吴越国"千秋万岁"铭镂空银鎏金垫（局部）

范赞时点了点头，顺势坐到一旁的石凳上，端起石桌上早就准备好的茶杯，吸了吸，随即抿了一口，纵使茶有些微凉，依旧满口清香。微眯着眼享受的范赞时，也仿佛一瞬间回到了十一年前还在杭州时的旧日时光。只是眨眼间十一年已过，吴越国不复存在，江山易主，他如今也做了宋朝臣子，说一句"物是人非"都不足以道尽此时此刻的心酸。微微叹了口气，范赞时抬起头看向躺椅上盖着软毯的钱俶："吾王还需多多保重贵体！臣愿吾王年年有今朝、岁岁皆安康！"

钱俶呼了口浊气，叹了口气："八月中秋团圆夜，不知今年中秋时的西子湖畔是何光景？好想回去看看呐……真的是太想太想回去了……"

顿了顿，钱俶略微直起身子抬头看向范赞时："还记得当年放那一批珍宝入佛塔地宫的事吗？"

范赞时点点头，神色间满是恭敬："臣记得！当年，吾王还专门着人督造了'千秋万岁'铭文的鎏金银垫以及鎏金银盒等。除了那不可言说的至宝外，这份'千秋万岁'的心意，臣一直谨记于心！"

范赞时很懂此刻钱俶心里的苦楚，这位吴越国末代君王纵使做到了为护佑吴越百姓纳土归宋之事，但内心的那一关始终还是过得艰难！再加上多年病痛折磨以及背井离乡之苦，让眼前这位曾经的吴越王、如今的邓王，满心满眼地想要重归故土。可宋帝是断不可能放钱俶回归杭州的，范赞时很清楚这一点，钱俶自己更清楚。

钱俶看向范赞时，神色间带着一丝坦然和无奈："'千秋万岁'本愿是让承载着'千秋万岁'的珍宝与佛祖舍利一起护佑杭州百姓，百姓永享太平安乐、吴越之地远

五代吴越"千秋万岁"铭鎏金银盒

离纷争战火……就是真正的'千秋万岁'了。可如今，这'千秋万岁'的另一重释义倒是可以应验在本王自己身上了！"

范赞时看着钱俶灰暗的脸色，知钱俶已病入膏肓，没多少天可以熬了，叹了口气，还是心生不忍，想要劝慰："吾王当仔细保重，吴越之地已有'千秋万岁'之物守护，必然能万年祥和永不衰！吾王虽不能身归西府，但吴越之地的百姓们都心心念念着吾王。哪怕为了他们，吾王也当珍重才是！"

钱俶笑着摆了摆手，但却难掩咳嗽道："咳咳……咳咳……罢了罢了，说不过你了！喝喝茶吧，再闻闻桂花香，虽然这汴京的桂花开得不如西府的好，但也能缓解几分你我思念故土之情！"

范赞时抬起头瞅了一眼那被精心呵护照料的桂花树，无奈地笑了笑："臣遵命！"

明月高悬，桂花飘香，清茶沁人，笑声朗朗……

因了这么一段似梦非梦的"君臣相会，"钱俶过了一个还算开心的生辰。

当天傍晚，钱俶寝于斋之西轩，命左右侍从为其读唐书。躺在床榻上的钱俶，此时已经是出气多进气少。双眸微微睁开的他，斜靠在软枕上，望着窗外的景致，微微张口，声音嘶哑无力，唯有他自己能听得真切："落霞与孤鹜齐飞，秋水共长天一色……当真是绝妙的景致……只可惜此番风光还是太过短暂了！就如本王这一生一般……往日种种……真不可追矣！"

恰是此时，一旁的幼子读到了白居易的《钱塘湖春行》："孤山寺北贾亭西，水面初平云脚低。几处早莺争暖树，谁家新燕啄春泥。乱花渐欲迷人眼，浅草才能没马蹄。最爱湖东行不足，绿杨阴里白沙堤。"

钱俶的思绪又被这诗词之声吸引，喃喃自语着："最爱湖东行不足，绿杨阴里白沙堤……何日何时才能回归呐？此身恐回不去了，唯愿吾心吾魂重归西府，与那凝聚了祥和之气的佛塔珍宝们，一同守护吴越之地的百姓们……千秋……万岁……"

当夜，钱俶风疾复作，至四鼓而薨。

时过境迁，岁月如梭，千年已过，五代吴越国"千秋万岁"铭鎏金银垫依旧向世人诉说着吴越王钱俶心中的那份"千秋万岁"。吴越王钱俶为吴越一地的百姓铸造"千秋万岁"铭鎏金银垫藏入雷峰塔地宫费心费力，且为守护吴越一地富足祥和煞费苦心，他的苦心并没有白费，吴越国会永远活在吴越之地百姓们的心中！其实，吴越王钱俶早已经得到了真正的"千秋万岁"，他为国为民的这份赤诚之心，以及吴越之地百姓们对他的怀念和感恩，纵使经历岁月变迁磋磨，也会永久闪耀于世！

第五章

物华天宝,填筑富地之首、王朝之都

北宋"尚药局"款暗刻龙纹圆盒：
身刻龙纹，蕴含医者仁心

北宋"尚药局"款暗刻龙纹圆盒，于20世纪90年代在浙江省杭州市出土，现藏于浙江省博物馆。此文物胎质细腻、白釉清亮、色泽白中泛灰。圆盒的盖面上阴刻着一条三爪盘龙，盒身与盖子外墙釉下方刻有"尚药局"三字横排楷书款。

尚药局是官廷中主管药品的机构。《唐六典》卷十一《殿中省·尚药局》曾记载："自梁、陈、后魏已往，皆太医兼其职。北齐门下省统尚药局。"《续汉书·百官志三》也有记载："章和以下，中官稍广，加尝药、太官、御者、钩盾、尚方、考工、别作监，皆六百石，宦者为之。"尚药局在南朝梁时已有设置，从隋朝到元历朝都有沿用。

迹徽宗失国之由，非若晋惠之愚、孙皓之暴，亦非有曹、马之篡夺，特恃其私智小慧，用心一偏，疏斥正士，狎近奸谀。于是蔡京以猥薄巧佞之资，济其骄奢淫佚之志。溺信虚无，崇饰游观，困竭民力。君臣逸豫，相为诞谩，怠弃国政，日行无稽。及童贯用事，又佳兵勤远，稔祸速乱。他日国破身辱，遂与石晋重贵同科，岂得诿诸数哉？昔西周新造之邦，召公犹告武王以不作无益害有益，不贵异物贱用物，况宣、政之为宋，承熙、丰、绍圣椓丧之余，而徽宗又躬蹈二事之弊乎？自古人君玩物而丧志，纵欲而败度，鲜不亡者，徽宗甚焉，故特著以为戒。

——《宋史》

宋徽宗政和年间（1111—1118），官方发布禁令：朝廷内外，均不许以"龙""天""君""玉""帝""上""圣""皇"等字作为名字用字。宋徽宗时期，民间禁止用"龙"，一切与"龙"有关的民间物事都将给百姓带来麻烦。正是在政和年间，一位来自尚药局的医女却为手里的一件药盒犯了愁。

医女跪坐在房间的床榻上，抚摸着手里的白釉药盒，无奈地叹了口气："此药盒上暗刻着三爪盘龙，虽有'尚药局'的款，但这是早些年师父在世的时候亲手交给我的。师父当年得此物时，还是哲宗时期，对于'龙'的用制还没严苛到现在这个程度。只是现在，此物未经过报备登记，若交出去这药盒估计就只能被砸碎了。"

医女心里满满的不舍，这是师父传给她的唯一一件东西，此药盒寄托了她对师父的思念，也传达着师父曾经对自己的谆谆教导。若让医女就这么白白将此物交出去，她是绝对不肯的。可留在身边，若哪日被人发现，必然也会给自己带来麻烦。

医女内心纠结不已，因腿坐麻了，调整姿势的时候下意识转身看到了不远处桌子上放置的一本诗集，诗集封面的"东坡"二字引起了她的注意。医女赶忙抱着药盒起身，快步朝着桌子前的诗集走了过去。"东坡居士的诗集……这是……上天给我的暗示吗？"

北宋定窑龙纹"尚药局"铭白瓷盒（局部）

北宋定窑龙纹"尚药局"铭白瓷盒

医女想起来，这是自己几日前闲暇时读的书，因这几日烦闷便忘了将书及时收起来。只是此时，恰巧看到东坡居士的诗集，医女心里便有了处理手中暗刻龙纹圆盒的主意："东坡居士曾在杭州为官，杭州西湖风光秀美，钱塘一地又富庶繁华……"自言自语到此处，医女抚摸着手里的药盒，微微叹了口气："杭州是一块风水宝地，所幸，我本是钱塘人，也如今只能先送你回我的故乡妥善埋藏，才能让我真的安心。"

医女说干就干，先是去请了假，找了个"探亲"的理由，便悄悄带着手里这件暗刻龙纹圆盒从汴京回了杭州。到达杭州之后，医女背着包袱里的药盒在杭州找了块不起眼又风水极佳的位置，妥善埋藏了师父传给自己的这件暗刻龙纹圆盒。

翻新的土壤前，医女蹲下身，伸手轻轻抚摸着那松软的泥土，就仿佛此刻那暗刻龙纹圆盒还在手中一般。叹了口气，终于忍不住将心中所有的愤懑吐了出来："当今皇上昏庸无道，百姓日子难过。我因着师父的教导，习得一手医术，本着悬壶济世之心，只望上能侍奉明君、下可救治百姓，以医者仁德之心造福苍生！只是如今，没有明君可侍奉，百姓又困苦多疾，以我一人之力难以救治芸芸众生！实乃悲之！痛之！"医女接着叹了几口气，顿了顿继续说道："唯有你，承载了我和师父的这份心意。只愿你能安稳长存在杭州，待到开明盛世之时让你重现人间！"

自此，这件北宋"尚药局"款暗刻龙纹圆盒长存杭州，历经千年岁月，终于再次得见天日。

南宋"招纳信宝"钱：
不战而屈人之兵

南宋"招纳信宝"钱，现藏于杭州博物馆。南宋"招纳信宝"钱直径2.6厘米，重5克，2006年由马定祥家属捐赠。南宋"招纳信宝"正面楷书"招纳信宝"，背面穿上"使"字、穿下为签押符号。因南宋"招纳信宝"是当时刘光世用以招纳金兵的暗号钱，故并未作为货币流通，传世数量极少，极为珍贵。再加上这枚"招纳信宝"钱背后的战役故事，更让其有了一层传奇色彩。

丁福保先生在《历代古钱图说》里说："中兴小记，绍兴元年，金达兰居祁州，其众承、楚，太师刘光世欲携贰之，乃以金银铜三色钱，文曰招纳信宝，获金人则燕钱而遣之，未几踵至，得众数万。"宋高宗绍兴元年至绍兴三年（1131—1133），南宋将领刘光世，与金兵会战于九江一带，双方处于隔江对峙阶段。为瓦解敌军，刘光世亲自筹划铸造"招纳信宝"钱币用于策反敌军，效果喜人。此"不战而屈人之兵"的策略奏效，凭借"招纳信宝"钱币过江投靠宋军的金兵，刘光世派人以礼相待，无数金兵解甲归田、就此返乡。刘光世借助"招纳信宝"钱，不费吹灰之力就瓦解了金兵数万，最终迫使完颜昌退兵，以此取胜。此外，因当时归顺依附宋军的金兵极多，刘光世还趁机将留在军营的这些士兵编成"赤心""奇兵"两支军队。

孙子曰：夫用兵之法，全国为上，破国次之；全军为上，破军次之；全旅为上，破旅次之；全卒为上，破卒次之；全伍为上，破伍次之。是故百战百胜，非善之善也。不战而屈人之兵，善之善者也。故上兵伐谋，其次伐交，其次伐兵，其下攻城。攻城之法，为不得已。修橹轒辒，具器械，三月而后成；距闉，又三月而后已。将不胜其忿而蚁附之，杀士卒三分之一，而城不拔者，此攻之灾也。

故善用兵者，屈人之兵而非战也，拔人之城而非攻也，毁人之国而非久也，必以全争于天下，故兵不顿而利可全，此谋攻之法也。

故用兵之法，十则围之，五则攻之，倍则分之，敌则能战之，少则能守之，不若则能避之。

故小敌之坚，大敌之擒也。

——《孙子兵法·谋攻篇》

完颜昌屯承、楚，光世知其众思归，欲携贰之。乃铸金银铜钱，文曰"招纳信宝"。获敌不杀，令持钱文示其徒，有欲归者，扣江执钱为信。归者不绝。

——《宋史·刘光世传》

宋高宗绍兴元年（1131），南宋将领御前巡卫军都统制兼浙西路安抚大使、知镇江府刘光世[①]驻军九江一带，与金左监军完颜昌驻扎在承、楚的大军隔江对峙，

[①]《宋史·刘光世传》："刘光世，字平叔，保安军人，延庆次子。初以荫补三班奉职，累升鄜延路兵马都监、蕲州防御使。方腊反，延庆为宣抚司都统，遣光世自将一军趋衢、婺，出其不意破之。"乾道八年，追封安城郡王。开禧元年，追封鄜王。《宋史》卷三十八："开禧元年……八月……是月，赠字文虚中少保，追封刘光世为鄜王。"《续资治通鉴》卷一百二十五："（绍兴十二年）冬，十月……壬午，太傅、醴泉观使、福国公韩世忠进封潭国公；太保、万寿观使、雍国公刘光世改封扬国公。"

以防金军趁机过江，进攻大宋。

战事危急，双方军营气氛均很凝重。此时，谁抢占先机，谁便能左右这场战局的胜负。可偏偏，金人擅长作战且军队综合实力极为强大，而刘光世统领的军队又以松散、治军不严而闻名于世，此场战役的胜负，此时似乎已经明朗。

某夜，南宋军营中，最中心的将军军帐内，刘光世正握着兵书斜靠在躺椅上。帐内一盏昏黄的灯，泛起丝丝光晕，给这军营中孤寂冰冷的夜增添了几分温暖。一名副将风风火火闯入刘光世的营帐，就连营帐门口的护卫都没来得及拦住他。

"将军！将军！"副将粗豪的嗓音打破了营帐内的宁静气氛。

南宋"招纳信宝"钱

刘光世斜靠在窗边，抬起头看了自己的副将一眼："刘副将急慌慌地做什么？让你督造的'招纳信宝'完成了吗？"

刘副将微微一愣，随后才意识到自己有些鲁莽了，赶忙跪地抱拳行礼："启禀将军，按照将军吩咐的数量，属下……这边已经铸造过半。但今夜前来，实为战事！"

刘光世头都不抬，继续看着手里的兵书说了句："哦，那继续，尽量多铸造一些。切记，金、银、铜三种规格的'招纳信宝'钱币一定要区分开放好了。"

刘副将看到依旧淡然的刘光世，急着开了口："可是将军，如今金兵军营中传出情报，大多金兵不服南方水土，外加战事持续过久而思乡心切。如今金兵松散，军心不稳，正是我们过江偷袭金兵的最佳时机啊！属下特意请懂天文地理的能人看过了，这三日江上会起雾，正是我们一举歼灭金兵的最佳时机！只要将军下令，属下一定带着几万军马踏平那金兵营寨，杀他们个片甲不留！"刘副将一副焦急难耐的表情盯着刘光世，他眼神中的急切都快化成两把刀子朝着刘光世扎过去了。

刘光世勾着唇轻声笑了笑："刘副将，你觉得，如果我真的下令让你这么做了，胜算会有多少？"

刘副将微微一愣，随后在心里计较了下双方的军事综合实力后，认真开口回复道："启禀将军，约有六成！若我军军心鼓舞，或有七成胜算！但将军，这偷袭战绝对值得一试啊！这简直就是天赐良机，是我们打退金兵的最好机会！"

刘光世点点头，继续靠在躺椅上捏着兵书，一边看书一边回复刘副将的话:"是啊,军心鼓舞、战力十足的我们才只有七成胜算!更不用说,这一场战役又要死掉我们多少弟兄、浪费我们多少粮草和军械啊!打一场偷袭战,劳心劳力又费神,努力个半天还不一定会胜呢!你说说,本将军为什么要做这吃力不讨好的事?"

刘副将瞪大了眼睛,一副难以置信的表情看着刘光世。虽然同为刘氏宗亲,自己也是刘光世的亲信,但刘副将依旧难以理解刘光世的话,什么叫要浪费军械粮草?什么叫要死人?打仗不死人吗?打仗不就是消耗粮草军械的吗?刘副将突然不懂了:"可是将军,这打仗不就是这样吗?"

刘光世微微一笑,终于肯放下手里的兵书:"兵圣孙武曾云:'善用兵者,屈人之兵而非战也,拔人之城而非攻也,毁人之国而非久也,必以全争于天下,故兵不顿而利可全,此谋攻之法也。'不战而屈人之兵才是兵法上策!让你铸造的'招纳信宝',便是此用。此乃军事机密,切勿泄露!行了,下去吧,若想早点打完仗,就快点去铸造本将军的'招纳信宝'!你自己不懂兵法,不代表本将军不懂!"

刘副将依旧有些云里雾里,但他此时也不好再说什么,只能是恭敬抱拳,随后垂头丧气地退出刘光世的营帐,老老实实铸造"招纳信宝"去了。

半月之后,金兵军营中开始暗地里流传宋军将领刘光世铸造了"招纳信宝"钱,凡是手握"招纳信宝"钱过江投靠南宋军营的,宋军会以礼相待、给足路费、设宴相送,让其解甲归乡。

一开始,相信这消息的金兵寥寥无几。但随着江对岸传来的情报越来越多,渐渐地,一些金兵开始按捺不住了。他们本就水土不服又离开家乡太久,而宋金双方军队对峙又一时之间难以分出胜负。这么耗着,对金兵来说是一种折磨。再加上,身为士兵,军功荣耀什么的……都是遥不可及的事情。拿钱吃军粮才是他们最真实的期盼。而如今对面招降的条件如此优厚,普通的金兵怎能抵挡?再加上"招纳信宝"的钱币作为信物,金兵们心里也有了几分安全感,不担心对方的将领是故意诱敌之计,于是数万金兵纷纷违抗金军军令,偷偷过江。

刘光世如他之前所说,对持此"招纳信宝"钱币的渡江金兵给予友好待遇,不阻挠还设宴。一些金兵选择留下投靠了刘光世,军心归附,刘光世借此机会又编了两支军队,名为"赤心""奇兵",并用这两支特殊军队勇猛作战的风格击退了完颜昌的军队,不费一兵一卒便取得了战役的胜利。这一场胜利,对于当时的南宋来说,至关重要。

不战而屈人之兵,刘光世这一招也确实用得非常漂亮。而发挥这一计策的关键点,正是刘光世命人铸造的"招纳信宝"钱币。

南宋夏圭《山阴萧寺图》纨扇：
临安园景为谁添？苍古简淡夏半边

宋夏圭《山阴萧寺图》纨扇，现藏于浙江省博物馆。此图绢本设色，长25.8厘米，宽27.3厘米，由朱家溍先生捐赠。图中画有寺院萧森、古树参天、远山烟雾的园林景象，画上方钤朱文方印"怡亲王宝"。

传此画为夏圭所作。夏圭，生卒年不详，活动于南宋宁宗时期（1195—1224），字禹玉，临安（今浙江杭州）人，南宋绘画大师，与南宋院体山水画家李唐、刘松年、马远合称为"南宋四大家"，与马远并称"马夏"。宁宗时期，夏圭任画院待诏，曾受到宁宗赐金带的荣誉。

夏圭的山水画，师从李唐，同时吸取了米芾、米友仁等画家的特点，最终形成自己的独特个人风格。夏圭的画属于水墨苍劲一派，但因喜欢用秃笔，下笔重，因而画风显得更为苍劲。

夏圭《山阴萧寺图》纨扇的绢本中，山水布置精当，皴法苍古简淡，山水之间或浓或淡，墨色淡雅却又变化无常，景物虚实结合，却如夏圭"夏半边"之名，以"边角之景"可窥画卷中对"平淡天真"的极致追求。

元代夏文彦创作的绘画史传著作《图绘宝鉴》中曾评夏圭道："院中人画山水,自李唐以下无出其右者也。"明代画家王履也称赞夏圭："粗而不流于俗,细而不流于媚。有清旷超凡之远韵,无猥暗蒙晨之鄙格。"

在夏圭的众多流传画作中,《山阴萧寺图》纨扇绝对值得一赏。如此小面积的绢本上,也能见到夏圭独特风格的临安园林小景画作,堪称是一件幸事。夏圭作画喜欢将景物拉远,将观者置身景外,画人物仅勾衣圈脸、点簇而成,楼阁随手勾画,笔法简洁而形神兼具。在《山阴萧寺图》纨扇的绢本中,都可找出夏圭的这些作画特色。

山色初晴,古木森森,早晨新雨冲洗过的山石台阶格外光亮。夏圭穿着青色长袍,背着手漫步在树荫古道之中,享受着难得的山中静谧。

忽闻前方山上钟声响起,夏圭抬眸时寺庙门廊已经隐约可见。夏圭忙快步往前赶了赶,再抬眼望去时,山坡之下的整间寺院尽收眼底。钟声起,远处云雾缥缈。静谧的氛围之中,寺庙萧森间却自有一股恢宏气概。参天的古树、清脆的鸟鸣声、远处溪水潺潺……禅机处处可闻,观赏之让人顿觉心旷神怡。夏圭深吸一口气,眉眼之间闪烁着几分亮光："山间古寺,日照高林,岩扉松径,清风飒飒……真真好一派神仙之境呐!"

夏圭看着远处光影之中的山间风光,心中悸动,慧念一闪,似有一种"渐悟"之情不自主地萌发。夏圭微微闭上眼,深呼吸几次,再缓缓睁开。重新审视眼前这番山中寺庙园景时,更是觉得自己顿悟了几分禅机。夏圭觉得眼前之景,仿佛一幅天然的山水墨画。比起自己所擅长的用墨色变化层层加皴、加染的积墨之法外,眼前景色的"用墨"更为出色:由浓渐淡,由湿渐枯,以墨破水,以水破墨,以浓破淡,以淡破浓,墨色苍润,画面线条灵动鲜活。

"果然自然天地才是最好的水墨画师!这一笔笔之间,真真浑然天成!临安之地,确实如画中之境,令人沉醉!若我不以拙笔勾勒此图,必成心中遗憾。"夏圭握紧拳头,心里并不平静。喃喃自语之间,目光如炬,双眼一一扫过眼前所有的景象细节,将所有景致大概记住之后,夏圭赶忙转身快步往家里飞奔。他要趁着这顿悟之机,将这幅绝妙之境画出来!

回到家里,快步进了书房,夏圭将自己关在房内,铺开绢物,勾勒泼墨间,肆意天然!

脑中有景、心中有悟,不需多少时间便呈现出一幅《山阴萧寺图》。只是此图只有一个大概的轮廓,具体细节的勾勒还不够完备。

夏圭疲惫地擦了擦额头的汗,复又计划着再找几个类似于今日天气的早晨再去几次山间古寺。他还要再站在原来的位置,继续创作。哦对了,还要背着画具皮囊认认真真地勾勒。

想做便做,反反复复近月余,夏圭总算是在绢本上完整地绘制出了这幅令他自己极为满意的《山阴萧寺图》。

画作完成之时,夏圭心里打算将此绢本做成纨扇赠与爱妻,便特意邀请其妻进入书房一同欣赏这幅新作的《山阴萧寺图》。

宋夏圭《山阴萧寺图》纨扇

夏圭满脸欣喜，像献宝的孩童一般，捧着手里的绢本，望着绢本上精致的画作笑道："夫人且看，为夫新作的《山阴萧寺图》如何？"

夏圭妻子上前几步，略微倾身看着丈夫手上团扇大小的精美画作，勾着唇点了点头："景物清淡，清旷俏丽，以水破墨，浓淡相见……此图既有夫君以往画作特点，又多了几分参悟自然的禅机，确是佳作！"

夏圭点点头："为夫曾饭后独自散步，恰巧见了这一幅景致。多亏寺院钟声提醒，便赶忙将此绝美图景作入画中。待到改日有空，为夫便携夫人一同去走走那山间林荫小道，一起去那寺庙聆听禅音，一起去那云雾缥缈之中感触盎然生机！"

夏圭妻子抿唇微笑，伸手挽着夏圭的胳膊，脸颊泛红，神色间有几分羞涩，但还是点了点头道："夫君有这份心意，妾身已经很知足！妾身其实只需日日看一看这绢本上由夫君所作之画，便已经能感受到那山中风景之美。"

夏圭笑看着身旁的妻子，双手捧着这幅绢本画作略微往旁边之人面前凑了凑："夫人，此图作……本就打算赠予夫人。夫人生辰快到了，为夫也想不到什么好物什能配得上夫人之姿容气度，唯有这雕虫画技还能入眼，便斗胆自作主张想将此图制成纨扇给夫人扇风纳凉、增添几分禅意。"

夏圭妻子此刻脸已经红得不能再红了，但那勾起的嘴角弧度早已显露了她此刻的心境："妾身……很是欢喜！夫君的礼，正中妾身的心！"

将绢本小心放置在面前的书桌上，夏圭上前揽着自己妻子的肩膀，一同看向桌子上的《山阴萧寺图》："为夫半生作品之中，此作虽不是画功最佳，但却是我悟性最上乘时所画。那日后就将其交予夫人珍藏！"

夏圭妻子笑着回复道："能藏此图，实乃妾身之幸！妾身能嫁夫君这样的大家才子，也是妾身之幸！"

夏圭点头笑道："为夫能生在临安城也是万幸之事，否则怎么能遇见夫人？又怎么能以身入景，以心作画，徜徉天地之间顿悟禅机？临安风景绝美，佛意处处可闻，真正是块福地宝地！"

南宋龙泉窑青瓷凤耳瓶：
造于名窑，盛满王朝傲气

南宋龙泉窑青瓷凤耳瓶，1978年出土于杭州古荡，现藏杭州博物馆。瓶身高17厘米，口径6.7厘米，底径6.7厘米。南宋龙泉窑青瓷凤耳瓶整体造型为平口、口沿微上翻，高颈，折肩，筒腹，下部微敛，卧底，在直颈双侧加上双凤耳，这种造型自宋朝开始烧制。南宋龙泉窑青瓷凤耳瓶通体素面，釉色淡雅、釉面光滑润泽，肩部以下有开片纹，整体施粉青釉。

宋代瓷器以优雅素净沉静为美。而宋代的龙泉窑，属南方青瓷，其釉色及造型在宋代瓷器中极为突出，最具代表性的釉色便是粉青和梅子青，极品的青釉瓷器，呈现的效果堪比翡翠。且龙泉青瓷多素面，少有纹饰，让人觉得釉面光亮、透明度高，有了不是美玉却胜似美玉的效果。南宋时期，龙泉窑得到空前发展，龙泉青瓷开始进入鼎盛时期。粉青、梅子青的釉色将南宋龙泉青瓷的釉色美感推向巅峰。

当然，南宋龙泉青瓷的发展跟当时整体的社会背景是分不开的。北宋覆灭，北方人口大量南迁，政治经济文化中心逐步南移到杭州，北方的汝窑、官窑等名窑毁于战火，制瓷技术传入南方，当时的龙泉窑开始结合南技北艺，烧瓷技术日趋成熟，且形成了自己独特的风格体系。

再者，南宋立国于水乡，水上交通极为发达，非常有利于海外贸易的发展，当时南宋政府把海外贸易作为解决财政困难的有效途径。龙泉青瓷，借此对外开始在东亚、东非、阿拉伯等地区流通销售，对内则流向临安。

南宋龙泉窑青瓷凤耳瓶并非孤品，且凤耳瓶是南宋时期常见的一种陈设器，其造型与同一时期出现的仿礼器造型器雷同。相信这件穿越千年的文物，一定见证了许多发生在南宋国都——临安的爱恨家国故事。结合南宋龙泉窑青瓷凤耳瓶的特性与当时南宋整体的社会背景，便可书写一段南宋龙泉窑青瓷凤耳瓶的前世今生。

南宋庆元元年（1195），恰逢宋宁宗赵扩[①]继位。因宋宁宗是在韩侂胄、赵汝愚等大臣的拥戴下继位的，故两派在宋宁宗继位后斗争极为激烈。宋宁宗选择罢免赵汝愚，抑制赵派发展，以致韩党专权，朱熹等人陷入危境。南宋朝廷气氛冷凝，各个派系剑拔弩张，官员们人人自危，民间各流派学者都已经嗅到了危险的气息。

就在这样微妙的政治气氛发酵时，恰巧迎来了太上皇后李凤娘的生辰。生辰前几个月，龙泉窑管事在此时收到一份旨意：要求造出一件样式新颖、色泽清亮、器形材质皆上佳的青瓷瓶，在太上皇后生辰前进贡。

这一旨意，可急坏了龙泉窑当时的管事。为了完成这个任务，管事召集了当时龙泉窑内所有有名的工匠一同商议。

[①]《宋史》卷三十七记载："宁宗法天备道纯德茂功仁文哲武圣睿恭孝皇帝，讳扩，光宗第二子也，母曰慈懿皇后李氏。"

第五章 物华天宝，填筑富地之首、王朝之都

南宋龙泉窑青瓷凤耳瓶

其中一位姓魏的师傅主动站了出来，揽下了这个任务中最困难的部分：设计器形。

魏师傅闭关月余，主动来找管事，并递交了自己的设计："大人，您看，这是属下选择的器形图。"

管事从魏师傅手里小心翼翼地将绘制图卷接过来慢慢打开："这不就是凤耳瓶吗？老魏，这就是你闭关一个多月的成果？"

魏师傅笑了笑："启禀管事，凤耳瓶器形端庄大气，双凤首相背居于瓶颈中部、凤尾朝上、凤身朝下、凤头翘起，其寓意必得太上皇后欢喜！"

管事微眯了眯眼，又仔细地打量着绘制图上写下的瓶身描述："施粉青釉，通体素面……不打算绘制纹饰了？"

管事最后一句是对魏师傅说的，魏师傅点头道："我们龙泉窑的青瓷足够漂亮，尤其是粉青釉的青瓷，那绝对是青玉白玉都比不上的好！简洁大气的瓶形，漂亮的釉色，定能博得太上皇后她老人家的喜欢！"

管事有几分犹豫，毕竟此事非同小可，若上头怪罪那可是要丢性命的大事！管事仔细权衡了下，复又开口说道："老魏啊，我这心里总归有些不踏实。这么简单的一件凤耳瓶，上头真能满意吗？"

老魏抱了抱拳，态度上多了几分恭敬和严肃："管事，凤耳瓶作为陈设器，用途广泛。如今上头要一件瓷器，却并未说明确切的用途，从瓷器使用的方式上来说，选凤耳瓶就是最安全的方法。凤耳瓶无论用于插花还是其他什么装饰物，都可行！"

管事挑了挑眉，明显被魏师傅说动心了："哦？那可还有其他缘由？"

魏师傅点点头，继续认真说道："自然还有！青瓷凤耳瓶，是咱龙泉窑的特色瓷器。既然上头指定让咱烧制青瓷，那就应该烧制一件只有龙泉窑才能烧制出来的精品。再说了，凤耳瓶的形状确实是极美！浅盘口外加长颈，暗圈足外加一对凤耳，造型张扬又端庄中正，稳妥之中带着几分活泼。如此漂亮的青瓷凤耳瓶，再加上一捧艳丽富贵的牡丹花，或者是……别的什么花……那太上皇后怎么能不满意？"

魏师傅已经把自己能想到的缘由都说了出来，然后抹了一把额头的汗，望向管事。

管事沉吟片刻，仔仔细细地回想着刚才魏师傅所说的每一个理由，仔细斟酌再三后，才终于露出一丝坚定："老魏辛苦你了！这凤耳瓶的主意……可行！那就……先吩咐师傅们烧造吧，烧制出来后大家一起看看成果。若确实不错，就进贡上去！若不成，我们再想想别的。"

魏师傅闻声，心里松了口气，心想自己这些时日花费的心血总算没有白费！为了了解到当今太上皇后的喜好，魏师傅可谓是暗地里下足了功夫。

……

半个月后，一批龙泉窑青瓷凤耳瓶烧造成功。管事和魏师傅一行工匠对这批瓷器非常满意。管事亲自从这批瓷器中挑出最满意的一件进贡。果不其然，宫内传回消息，太上皇后对这件凤耳瓶非常满意。

生辰宴当天，太上皇后摆出这件凤耳瓶，青瓷凤耳瓶中早已插满了各类绽放的鲜花。瓶中鲜花艳丽夺目，又与瓶耳相得益彰，每种花都不多，也就三两枝，但所有鲜花绿枝都能和谐地被安放在同一个漂亮的青瓷凤耳瓶中，为在场赴宴的众人带来一抹艳丽之景。

太上皇后借此青瓷凤耳瓶，打算顺便提点提点自己刚坐上皇位的儿子赵扩："官家，你看，这瓶中花朵并非只有一种，百花齐放才能带来如此艳丽多姿的美物！自然，人也是一样，这朝中大事，皆可参考于此！这青瓷凤耳瓶盛满的鲜花，就如同盛满了我大宋的傲气一般，值得瞻仰！"太上皇后李凤娘希望自己的儿子能够秉中庸之道治理朝政，早日收复中原，再次开创宋朝盛世。

赵扩只能点头应声，面上不显，但心中多少也会有一些触动。

之后，南宋嘉泰四年（1204），赵扩追封岳飞为鄂王，两年后削去秦桧官爵，打击了投降派。又两年后，赵扩又任用宰相韩侂胄北伐金国。不管北伐结果如何，赵扩力主北伐的态度确实写进了南宋历史。而这件南宋龙泉窑青瓷凤耳瓶，或许在当时用那盛满王朝傲气的绽放姿态，增添了赵扩光复中原的信心和决心。

第六章

以精美之物，为天城扬名四海

元黄公望《富春山居图》卷（局部）：
富春山水，跃然纸上

元黄公望《富春山居图》卷（局部），现藏于浙江省博物馆。《富春山居图》是元代画家黄公望于1350年前后创作的水墨画。此画几经易手，因"焚画殉葬"而成首尾两段。其中，前半卷名曰《剩山图》，就是我们浙江省博物馆现收藏的元黄公望《富春山居图》卷（局部）；后半卷称为《无用师卷》，现藏于台北"故宫博物院"。

《富春山居图》以富春山水为背景，用淡雅的墨色将山水布置得当，变化无穷，可分六个部分观赏。

画卷从《剩山图》部分开始，以一座大山拉开序幕，画中山峰尽显锋芒又不失浑厚，层层叠叠的山峦渐渐堆砌又向一侧慢慢倾斜，黄公望使用其最独特的笔法"长披麻皴"，将画面土壤质地以及山峦雾气描述得活灵活现。

之后第二、三部分的山脉层次有所变化，画中的树木房屋以及江中小舟被层峦环抱，主体山峦屈居左边呼应，近处松柏摆动，与远处的山对应，承前启后。

第四、五、六部分，笔墨较少，万物宁静，自有一股肃静苍茫之感。画卷开始没有皴染，只有山没有水，与前三部分的繁荣大气形成了鲜明对比，如四季轮转，如阴阳交替，观赏之奥妙无穷。

《富春山居图》被誉为"画中之兰亭"，其画上有黄公望自留题跋："至正七年，仆归富春山居，无用师偕往。暇日于南楼援笔写成此卷，兴之所至，不觉亹亹布置如许，逐旋填札，阅三四载，未得完备，盖因留在山中，而云游在外故尔。今特取回行李中，早晚得暇，当为着笔。无用过虑有巧取豪夺者，俾先识卷末，庶使知其成就之难也。十年，青龙在庚寅，歜节前一日，大痴学人书于云间夏氏知止堂。"印：黄氏子久，朱文：一峰道人。

明代画家邹之麟更对其有绝高的评价："知者论子久画，画中之右军也，圣矣。至若《富春山居图》，笔端变化鼓舞，又右军之《兰亭》也，圣而神矣。"

沈周留有题跋："大痴黄翁在胜国时，以山水驰声东南，其博学惜为画所掩，所至三教之人，杂然问难，翁论辩其间，风神疏逸，口如悬河，今观其画，亦可想见其标致。笔法墨法，深得董、巨之妙。此卷全在巨然风韵中来。后尚有一时名辈题跋，岁久脱去，独此画无恙，岂翁在仙之灵而有所护持耶？旧在余所，既失之，今节推樊公重购而得，又岂翁择人而阴授之耶？节推莅吾苏，文章政事，著为名流，雅好翁笔，特因其人品可尚，不然，时岂无涂朱抹绿者，其水墨淡淡，安足致节推之重如此？初，翁之画亦未必期后世之识，后世自不无杨子云也。噫！以画名家者，亦须看人品何如耳。人品高，则画亦高，古人论书法亦然。弘治新元立夏日长洲后学沈周题。"

文彭亦有题跋："右大痴长卷，昔在石田先生处，既失去，乃想象为之，逐还旧观，为吾苏节推樊公得之，是成化丁未岁也。至弘治改元，节推公复得此本，诚可谓之合璧矣。今又为吾思重所得，岂石田所谓择其人而授之者耶。思重来南京，出二卷相示，为题其后。隆庆庚午四月，后学文彭记。"

董其昌为《富春山居图》题曰："大痴画卷，予所见若檇李项氏家藏《沙碛图》，长不及三尺，娄江王氏《江山万里图》可盈丈，笔意颓然，不似真迹。唯此卷规摹董、巨，天真烂漫，复极精能。展之得三丈许，应接不暇，是子久生平最得意笔。忆在长安，每朝参之隙，征逐周台幕，请此卷一观，如诣宝所，虚往实归，自谓一日清福，心脾俱畅。顷奉使三湘，取道泾里，友人华中翰为余和会，获购此图，藏之画禅室中，与摩诘《雪江》共相映发。吾师乎！吾师乎！一丘五岳，都具是矣。丙申十月七日，书于龙华浦舟中，董其昌。"

后又有王穉登、周天球等名家为《富春山居图》题跋，不作赘述。这些题跋足以显现《富春山居图》在中国绘画史上的崇高地位。

《富春山居图》对后世同样影响深远，尤其是浙派画家。浙派画家吸收《富春山居图》的绘画艺术营养后，渐入灵魂于画中，弘扬中国山水墨画。如黄宾虹、陆俨少等浙派大师，其画作中依旧可见《富春山居图》的影子。

不只是在绘画界，《富春山居图》在其他领域同样影响深远。2010年，中国联通特推出国宝《富春山居图》纯银纪念砖，首次以纯银纪念砖的形式将国

《富春山居图》（剩山图卷）

宝画卷完美"合璧"，完整地呈现在世人面前。2011年6月1日，限量珍藏版《富春山居图》铜雕艺术电话卡在浙江杭州的"朱炳仁铜雕艺术博物馆"内首发。

研究《富春山居图》，必须要研究其作者黄公望。黄公望（1269—1354），元代画家，元四家之一，画风自成一派，得"峰峦浑厚，草木华滋"之评。曾自称浙东平阳人。陶宗仪《南村辍耕录》称其"本姓陆"，出继温州平阳黄氏为义子，因改姓黄，名公望，字子久，号一峰、大痴道人等。

元世祖至元三十一年（1294），黄公望任"浙西宪吏"之职，是年岁末随迁杭州，与张闾结识。不久因身着道士服向徐琰汇报工作，被徐琰责怪，于是辞去官职。

元成宗元贞元年到元武宗至大三年（1295—1310）期间，黄公望在杭州为求仕途奔走于权豪名士

文物悄悄话

HANGZHOU

第六章 以精美之物，为天城扬名四海

〔元〕黄公望《富春山居图》（无用师卷）

宅邸，得赵孟頫指点，留下"当年亲见公挥洒，松雪斋中小学生"的诗句。

元仁宗皇庆元年（1312），黄公望随张闾到大都，在御史台下属的察院当掾吏。元延祐二年（1315），张闾以中书省平章政事之衔返江浙等处行中书省行"经理田粮"之法，黄公望随行。后张闾因"贪刻用事"引发民乱，被元仁宗遣人聆讯治罪，黄公望亦入狱。

黄公望出狱后，加入了全真教，与张三丰、冷谦等道友交往，曾主持过万寿宫，后去往杭州等地卖卜为生。

元至正七年（1347），黄公望居于富春江时，开始创作《富春山居图》，时断时续历经数年方才完成。晚年时期，黄公望都住在杭州，直至元顺帝至正十四年（1354）十月二十五日逝世，享年八十六，葬虞山西麓。

黄公望一生贫苦，再结合当时元朝的社会背景，就能理解黄公望出狱后为何选择避世以及入全真教，又去往富春江附近写生隐居的生活，也更能理解其最著名的传世画作《富春山居图》中对生命的领悟及其精神世界的诉求。

想当时，黄公望隔着《富春山居图》，可能望见的是南宋时期的富春山水。将所有感情注入画中，黄公望成就了这幅传世佳作《富春山居图》，而《富春山居图》也成就了黄公望，它不负众望，成为画中之兰亭，驰名中外、千古流芳。

《富春山居图》不仅仅是一张画，结合黄公望的一生以及当时的时代背景,创作者黄公望已经将这幅画变成了转化宋朝亡国之痛的宣泄点。画风豁达之中,是作者黄公望经历过痛苦洗礼后的升华。或许,《富春山居图》就是黄公望为自己的精神世界独创的桃花源,黄公望晚年选择在杭州一带避世,可能就是想让自己的心如《富春山居图》中所画山水一般"寄蜉蝣于天地,渺沧海之一粟"。但对我们来说,感到荣幸的是《富春山居图》创作于杭州,画的主体是杭州富春山水,其一部分又藏于杭州,最重要的是此画的作者也与杭州有不解之缘。如此,赏《富春山居图》时,便能畅享一番黄公作此画时的情景:黄公神来一笔,富春山水,跃然纸上……

元顺帝至正七年(1347),富春山依旧风光秀丽,青山碧水,自成诗境。偶见孤帆划过江面,涟漪荡荡,绿树朦胧,光影之间,空蒙如画。

富春山水之中,有一老翁,戴着斗笠,穿着蓑衣,身上背着皮囊,里面的画具隐约可见,伴随着的还有老翁悠悠荡荡的唱念声:"莫听穿林打叶声,何妨吟啸且徐行。竹杖芒鞋轻胜马,谁怕?一蓑烟雨任平生。 料峭春风吹酒醒,微冷,山头斜照却相迎。回首向来萧瑟处,归去,也无风雨也无晴。莫听穿林打叶声,何妨吟啸且徐行……"老翁嘴里不断循环唱着的正是北宋诗人苏东坡的名篇《定风波》。

此老翁,正是画家黄公望,自称大痴道人。大痴道人终日游荡在富春山水之间,偶见一处绝妙风景,便赶忙停下脚步、拿出画具纸张,临摹写生。断断续续之间,大痴道人已将富春山水近半的景致用自己的画笔记录在卷。

富春江

这一日，大痴道人正拿出画具在富春群山之中的一处半山坡上准备画远处的山棱，突听身后传来一孩童稚嫩的询问声："老翁，你为何要画那山呐？"

黄公望愣了愣，回头望去，就见一扎着冲天辫、手拿竹笛、身骑老黄牛的小孩正笑着望自己，小孩约莫七八岁大，一个人骑着牛距离他就那么十几步。黄公望捋了捋胡子，眉眼之间多了些温和："娃娃你胆子倒是大！这深山里蛇虫多，不适合放牛，快些回家去吧！"

小孩扬了扬头，一副赌气的模样望着黄公望："你还没回答我的问题呢！再说，我凭什么听你的？难不成这富春山水是你家的？"

黄公望一听这孩童之语，忍不住笑出了声："哈哈，好吧，左右老痴人无事，便跟你念叨念叨！"

小孩骑着牛，慢悠悠地往黄公望这边而来，意思很明显：就是打算听你这老头唠嗑！

黄公望将画笔先搁置在一旁，随即往一旁的石头上一坐，然后捋着胡须看着身旁坐在牛背上的放牛娃，开始缓缓说道："老痴人姓黄，平阳人。年轻时，也曾心高气傲，想一展宏图抱负。然，这天下难得太平岁月，动乱已成定局，纵使有满腔抱负也无处施展。娃娃你不知，老痴人也曾入狱受那牢狱之灾，曾体会过世间万般辛苦，后遁入全真教往来临安卖卜为生时，更是看清人间冷暖。曾数次心中缅怀那宋朝临安的风光繁华，却恨生不逢时，只能隐居于此，终日作画了此残生。所幸的是，这杭州一地山水风光当世一绝，畅游天地、与画为伴，便是老痴人此时最想做的事。"

小孩笑着插了句嘴："哦，难怪你要遁入道门，一心将家国情怀注入这富春山水之中。原来你是企图在画卷之上再现宋朝之时的景象啊！不过，你的画功真的好！这富春山的精华所在，都被你囊括在这画卷中了。"

黄公望挑了挑眉，似乎是没想到这放牛的孩童竟然一语中的，直接猜中自己心中所想："没想到老痴人的知音……竟是你这娃娃……"

叹了口气，黄公望望着眼前的富春山风光，微眯着眼，神色之间带着几分恍惚："老痴人此生疾苦，未有荣幸生于前朝时的临安城。每每在这富春山中静坐，老痴人总能幻想自己魂归宋时临安，一望那时风光秀丽的西湖，二遇当年盛名一时的才子佳人，三求教东坡居士以解人生之惑。如今面对着富春山水，老痴人有时忍不住在心里吟唱着文同的那首《富春山人为予道其所获石于江中者状甚怪伟欲》，犹记得诗文：'奇礓巀屼倚秋江，俗眼过几多所忽。风霜锻链愈坚重，怒浪喷激不可没。富春山人好尚古，见此便以作吾物。镌镵牵挽置庭下，犀角鲸牙蛟虿骨。精金凝滑露筋膂，老玉礌砢开窍窟。狂螭奔拿势夭矫，猛兕挢生气蓬勃。山人夸我谓如此，欲我诗之惭拙讷。何当走到山人家，抚月摩烟观突兀。'可惜天下无不散之筵席，朝代更迭也非人力所能为。古有'胜地不常，盛筵难再；兰亭已矣，梓泽丘墟'传世。今日，老痴人虽魂归宋时盛景，心里却明白这一切都是虚妄梦境。只愿留一幅传世画作，将老痴人所感所悟所盼所望注入此中，愿后世之人能明白老痴人的苦心、能体会生命无常与那世间轮回之序。若后世之人恰巧生在盛世，能看了老痴人的画学会珍惜，若那后世观画之人不仅生在盛世还身在这临安胜地，那老痴人更盼望其能惜之爱之。"

说到此处，黄公望伸手从一旁的行囊里拿出酒壶，打开抿了一口酒，叹息道："老痴人是将心中所有的期望绘在这图景上了。娃娃，你可能懂？"

小孩笑着从牛背上一跃而下，立于黄公望眼前，背着手一副老夫子的做派："我若不懂你，还有谁能懂？古人又云：'苦心人天不负。'老翁你想画便画吧，总归……这富春山水会是你的。而临安与这富春山，必然会是你的福地！相信你的画作定能如你所期盼那般耀眼于世！而你渴望归隐宋时临安盛景的心，也定能在此图中实现！"

说完，小孩牵着老黄牛背着手，哼着歌一步步隐身富春山那茂密的山林之中，转瞬不见踪影……

黄公望一直望着小孩和老黄牛的背影，直到眼眸中再也没有对方的影子为止。黄公望的眼神也从最开始的疑惑渐渐转为淡然了然。微微勾唇，挂起一丝笑意，收回神思的黄公望再次拿起画笔，继续手里的动作，用水墨将自己一生的期盼和感情渐渐注入画中。

前后七年时间，此画终成，名曰《富春山居图》。

元龙泉窑舟形青瓷砚滴：
点滴之间，即可留名

元龙泉窑舟形青瓷砚滴，通长16.2厘米，高9.1厘米，宽6.5厘米，现藏于浙江省博物馆。这件享有盛名的龙泉窑青瓷珍品，并非来自高级墓葬或清宫旧藏，而是20世纪60年代的一位老百姓在一个古窑遗址中捡到的。一般来说，这种遗址出土的"窑底货"应该是残次品级别，但这件龙泉窑舟形砚滴却在各方面都堪称完美。无论是粉青釉色还是动中有静的奇特造型，都表明这件砚滴绝非凡品。也正因为此，此件龙泉窑舟形砚滴拥有了传奇朦胧的身世之谜，让人在欣赏它绝美外形的同时更好奇它背后的身世故事。

砚滴也称水滴、水注、书滴、蟾注，是一种传统的文房器物，贮存砚水供磨墨之用。《饮流斋说瓷》："凡作物形而贮水不多则名曰滴。"宋赵希鹄《洞天清录》："古人无水滴，晨起则磨墨，汁盈砚池，以供一日用，墨尽复磨，故有水盂。"砚滴中，有嘴的叫"水注"，无嘴的叫"水丞"。

文房用具中砚滴存世较少，又因其形制小巧而不引人重视，故收藏难度较大。元龙泉窑舟形青瓷砚滴，不仅器形精美，而且造型独特流畅，故而更是难得的

第六章 以精美之物，为天城扬名四海

元龙泉窑舟形青瓷砚滴

①杨维桢（1296—1370），字廉夫，号铁崖、铁笛道人，又号铁心道人、铁冠道人、铁龙道人、梅花道人等，绍兴路诸暨州枫桥全堂（今浙江省诸暨市枫桥镇全堂村）人。元末明初诗人、文学家、书画家。

②杨维桢于至正元年携妻儿到杭州，居于吴山友人处。常与友人去西湖各处游览。因倡"西湖竹枝词"，就写了九首，后决定汇编为《西湖竹枝集》。

③宋濂（1310—1381），初名寿，字景濂，号潜溪，别号龙门子、玄真遁叟等，祖籍金华潜溪，后迁居金华浦江。元末明初著名政治家、文学家、史学家、思想家，与高启、刘基并称为"明初诗文三大家"，又与章溢、刘基、叶琛并称为"浙东四先生"。被明太祖朱元璋誉为"开国文臣之首"，学者称其为太史公、宋龙门。

珍品。似乎，需得一位文坛大家的韵事才敢与之相配。

维桢以横绝一世之才，乘其弊而力矫之，根柢于青莲、昌谷，纵横排奡，自辟町畦。其高者或突过古人，其下者亦多堕入魔趣。故文采照映一时，而弹射者亦复四起。

——《四库全书总目》

元至正元年（1341），元朝诗文大家杨维桢①携妻子到达杭州，居于吴山，常与友人游赏西湖，以诗词抒发情怀。②一日，从好友处得到一青瓷砚滴，颇为喜爱，遂与友人宋濂③一同带至西湖岸边共赏。

西湖山水，秀丽无双。杨维桢手捧舟形青瓷砚滴，对着阳光微微眯眼，旁边是已经在石桌前铺开宣纸准备磨墨的宋濂，抬头看向亭子边缘近水处站着的杨维桢，开口道："廉夫兄，将那砚滴递给我吧，该添水磨墨了。

愚弟还等着兄的西湖诗词，想必也如这西湖山水美景一般，横绝一世、天下无双！"

杨维祯闻声，笑着捧着手中的舟形青瓷砚滴朝着亭中的宋濂款步而来："景濂，来赏赏这青瓷砚滴如何？"

宋濂闻声，从杨维祯手中仔细接过这舟形青瓷砚滴，在手中把玩片刻，点点头赞叹道："胎质细腻洁白，釉层肥厚，呈粉青色……在龙泉窑的砚滴中，绝对算是上等佳品，恐怕世间也仅此一件美物了！"

杨维祯点点头："确是如此。此物也是愚兄偶然间意外所得。据说是龙泉窑厂那边一位老师傅无意间烧制而成，恐落入俗人手中，几经辗转流入我手。"

元龙泉窑舟形砚滴青瓷

宋濂看了一会儿手中砚滴，稍稍注水开始磨墨。砚台旁边的舟形青瓷砚滴因为墨色的衬托，显得愈发青翠迷人。宋濂感慨着忍不住说道："真是雅致至极的青瓷砚滴！若落入不懂欣赏的人手中，确实可惜！只是，当今天下混乱已成定局，廉夫兄恐需仔细收藏此物啊！如此难得的至宝，只怕有心人惦记，带来的就会是祸患了！"

杨维祯点点头，随即又将桌子上放置的青瓷砚滴拿到手中仔细赏玩："愚兄打算赏玩一段时日，便再将它送回窑厂，找那工匠师傅一同寻个安稳的地方埋藏了吧！"

宋濂听着这个主意，点头赞同道："回归窑厂，隐匿于数百件精致的龙泉青瓷之中，确实符合'大隐于市'的做法！嗯，算得上是最佳的藏宝方法了。但愿此物能在太平繁荣的后世再见天日，恢复绝色光彩！"

杨维祯笑着点头："会的！一定会有那么一天。相信它再次现世之时，必然会遇到太平繁荣的盛世！我希望那个时候，这件精美的砚滴还能在西湖畔，彰显自己的精美！"

之后，杨维祯果如自己所说，亲自带着此龙泉窑舟形砚滴去往龙泉窑窑厂，几经辗转找到了烧制此舟形砚滴的老师傅。道明来意后，两人找了个偏僻的地方小心地埋藏了此物。

跨越时空兜兜转转，此物再回杭州宝地，元龙泉窑舟形砚滴重新来到了西湖边。虽然物是人非，当年的大才子杨维祯早已不在，但承载着器物之美的元龙泉窑舟形砚滴，依旧背负着先人们的期望在这人间天堂继续闪耀。

明鎏金银盖罐：
身藏净慈寺，细听晚钟声

明鎏金银盖罐，通高15.5厘米，腹径17.5厘米，出土于杭州净慈寺，现藏于杭州博物馆。明鎏金银盖罐通体银质并鎏金，带盖，钮为瓶状，以重瓣覆莲作装饰。罐体似花蕾，重瓣之上印有仰莲纹，内环底的一圈外饰是覆莲纹。

盖子内壁有墨书题记："万历岁在丁未佛成道日大壑藏并记智觉大师灵骨体。"从题记我们可以确定盖罐埋藏年份是万历丁未年，即明神宗万历三十五年（1607）。此外，题记中所记录的佛成道日是指释迦佛成道之日，又称成道会、成道节、腊八等，节期在农历十二月初八。腊八节是佛教盛大的节日之一，南宋吴自牧《梦粱录》载："此月八日，寺院谓之腊八。大刹等寺，俱设五味粥，名曰腊八粥。"

要进一步了解明鎏金银盖罐，就得了解万历年间杭州净慈寺发生的几件大事以及万历三十五年（1607）的整体社会背景：万历十六年（1588），杭城饥荒，杭城百姓以挖"观音土"和树皮充饥，饿殍遍野。后，内监孙隆出资命净慈寺施粥赈济灾民，杭城半数百姓得以存活。万历十七年（1589），明神宗将皇太后亲手绘制并有皇帝御笔亲题赞辞的"瑞莲观音大士像"赐给净慈寺，之后一年，又准将《大藏经》安放在净慈寺。由此可见，位居禅院五山的净慈寺，不仅盛名依旧，而且在当时担当了护佑杭城的重要角色。直到万历三十五年（1607），广宁门事件发酵，泰兴知县龙镗被税监活活打死，明神宗时期的朝政废弛问题达到顶点，各地包括杭州在内，都出现了各种动乱，百姓日子越来越不好过，陆沉之忧已不远矣。这些种种，都为后期明朝覆灭埋下伏笔。

明鎏金银盖罐，就是在这样一个动荡又微妙的历史时期诞生。它的现世与功能，注定了它身上会承载当时净慈寺中为国为家为百姓的一众僧侣的期望。

从这个角度出发，我们便能透过明鎏金银盖罐一窥明末万历年间的杭城，去听一听当年净慈寺内发生的故事。

如实知一切有为法，虚伪诳诈，假住须臾，诳惑凡人。

——《华严经》卷二十五

明万历三十五年（1607），净慈寺住持在佛成道日这天，亲自开堂说法。待到僧侣散尽，一件摆放在蒲团旁的鎏金银盖罐引起了住持身旁大弟子的注意。

大弟子说："阿弥陀佛，师父这是……"

住持微微睁开眼睑，看着身旁安静摆放着的鎏金银盖罐，叹了口气说道："此罐内乃智觉大师灵骨体。"顿了顿，住持继续说道："为师打算……将此罐埋在净

净慈寺

慈寺地底，就在今我佛成道之日做成此事吧！"

大弟子一听这解释，又忍不住追问："师父，您这么做？还有此事为何不对师兄弟们说明？"

住持微眯着眼，看着寺院内的大雄宝殿，叹了口气，复又开口缓缓道："现今是万历三十五年，年初正月广宁门一事已经发生，大明面临分崩离析的局面，当世动乱已成定局。唯百姓可怜，愿此罐中智觉大师灵骨体能同净慈寺一道护佑这一方百姓。至于此事，为师本不愿张扬。只因禅寺内多一事不如少一事，事事低调些，便能在这乱世久安。"

大弟子听到此，眉眼之间满是忧虑："十六年那一年，城内大饥荒，城中百姓被迫挖树皮充饥，饿殍遍野……真难想象，这是发生在杭州这般富庶之地的事情。当年我们禅寺还跟着救济百姓，那场景……弟子现在都难以忘却。"

住持缓缓点头，双手合十在胸前，手中佛珠缓缓转动："那场灾荒与嘉靖年间倭寇侵扰、寺内驻兵的战乱之事有分不开的关系。若非当时了然大师头顶'敕建净慈禅寺'匾额，如今净慈寺也已经被毁。净慈寺本就受恩于这一地百姓，乱世之中更要回馈，此乃净慈宗风。只愿我净慈禅寺能永为国家祝馨、为生民祈福。"

大弟子双手合十微微点头："阿弥陀佛，师父，弟子随您一道吧。"

住持点头："你随我来！"

……

随后，住持带着大弟子在寺内寻了一处僻静之地，亲自刨土，将这鎏金银盖罐埋在净慈寺地底下。

住持蹲在地上，伸手轻轻抚摸着埋藏这件鎏金银盖罐的新土，微微叹了口气："不知何日净慈寺才能重振佛门宗风。"

旁边站着的大弟子双手合十，恭敬规矩地低头说了句："阿弥陀佛，师父要有信心，'寺故宏大，显于湖山'的风貌定会再来。待到百姓安乐、国泰民安之时，净慈寺定会名僧齐聚，彰显我佛庄严。"

住持起身，双手合十在胸前抬起头注视着寺内幽静之景，感慨着念了宋陈尧佐的诗："附郭山光峭若悬，倚空楼阁白云颠。孤轩半出青松杪，灏气疑游碧汉边。"旁边的大弟子也抬起头，随着住持的目光眺望远方，两人仿佛穿过层层云雾，瞥见了未来时空里净慈寺香火鼎盛的繁荣盛景。

时过境迁、岁月如梭，明万历年间的落寞萧瑟与悲恸早已随风而散。净慈寺也早已恢复了湿红映地，飞翠侵霄，檐转鸾翎，阶排雁齿……

而明鎏金银盖罐，依旧在地底深处记录着万历三十五年前后净慈寺的那段动荡岁月，并伴随着依旧祥和的净慈禅寺，日日听着那南屏晚钟的悠悠之声，守护着杭城，守护着这一方百姓。

―――
第七章

文澜为首，二开都会繁盛

明蓝瑛《层峦秋色图》轴：
层峦秋色，染以丹砂

明蓝瑛《层峦秋色图》轴，现藏于杭州博物馆。画卷纵 320 厘米，横 25 厘米。画作整体弥漫着盎然秋色，画中所绘天高云淡、山峰耸立挺拔，又有回廊屋宇，溪水潺潺，游人立于桥上扶栏前行，金黄树木染以丹砂更显秋味。画左上行书题款："《层峦秋色》画于西溪之香圃，丁酉秋初蝶叟蓝瑛。"钤"蓝瑛之印""田叔父"印。

蓝瑛，字田叔，号蝶叟、石头陀、西湖外史、西湖研民、东郭老农，浙江杭州人。

蓝瑛一生作画，漫游江南北地，眼界开阔，创作内容极为丰富。蓝瑛的绘画作品对明末清初时期的绘画界影响很大，被后人称为"武林派"，画史上称之为"后浙派"，与戴进、吴伟合称"浙派三大家"。

蓝瑛擅长画山水、花卉、兰石等物，韩昂在《图绘宝鉴续纂》中描述蓝瑛："画从黄子久，入门而醒悟。"蓝瑛窥晋、唐、两宋，遍摹元代诸家笔法，集取优长，又精心研究黄公望、李唐、郭熙及夏圭、马远等人的画作。因而，蓝瑛之画能自成一派，对后世

第七章 文澜为首，二开都会繁盛

蓝瑛《层峦秋色图》轴

影响深远。其用笔有顿挫，以疏秀苍劲取胜，善写秋景的特点，被后世文人画师竞相模仿。

杭城秋色，层林尽染。西溪秋色连波，近滩芦花飞雪，远有红柿万株。一曲溪流一曲烟，风光无限。一位身背皮囊的老者，穿梭在西溪曲水之中，寻了一处平地，展开画纸开始作画，怡然自乐。

几个时辰后，老者停了笔，看了看画纸上所绘景色：天高云淡，山峰耸立挺拔，又有回廊屋宇，溪水潺潺，游人立于桥上扶栏前行。树木染以丹砂，褐色金黄的色泽之间更有秋高气爽的味道。

老者很满意，提笔在画左上方以行书题款："《层峦秋色》画于西溪之香匳，丁酉秋初蝶叟蓝瑛。"随后从怀里摸出印章钤之。

恰有路过赏玩的一位年轻公子注意到了老者所作之画上方的印章，呆愣了片刻赶忙上前抬手作揖："晚辈见过大师！"

老者愣了愣，低头看了看自己画作上的印章，才了然，原来对方知道了自己是蓝瑛："不必多礼，不必多礼。"

年轻公子赶忙上前："蓝大师，晚辈仰慕您的画作久矣。您的山水画作富于变化，落笔纵横奇古，风格秀润。晚辈曾有幸赏到您的另一幅画作，心中崇望已久。今日更是有幸能与您相遇，晚辈斗胆，想请大师您为晚辈指点一二。"话落，年轻公子复又作揖行大礼一次，态度恳切。

老者蓝瑛捋了捋胡子，笑看着眼前丰神俊朗的年轻人，观其眼目神情，知是一位优秀青年，便开口道："老夫画从黄子久，常临摹唐宋远诸名家画作，再加上常居钱塘西湖这秀美天堂之境内，配以'勤奋'二字，便能取得微末画技。若公子不嫌弃，可效仿之！"

说完，蓝瑛收起今日绘的画卷，笑着背起行囊渐行渐远。

徒留年轻公子站在原地，安安静静地回味着这位"武林画派"创始人的金玉良言。半晌后，年轻公子微微呼了口浊气，心中感慨着："幸亏是常住在这临安一带，我才能有机会偶遇大师现场作画啊！听大师一番良言，真的是获益良多！"

清文澜阁琉璃瓦残件：
毗邻《四库全书》，徜徉知识之海

清文澜阁琉璃瓦残件，现藏于浙江省博物馆。这件文物的价值，跟文澜阁以及《四库全书》是分不开的。文澜阁是珍藏《四库全书》的清代七大皇家藏书楼之一，其中紫禁城文渊阁、圆明园文源阁、奉天文溯阁、热河文津阁合称"北四阁"，扬州文汇阁、镇江文宗阁和杭州文澜阁，是为"南三阁"。如今，扬州文汇阁、镇江文宗阁皆毁于战火，"南三阁"中唯有杭州文澜阁还在。

整个文澜阁如江南园林，置于西湖风景区之内。文澜阁建筑整体包括门厅、厢房、门厅前庭院、门厅后假山、御座坊、水池轩廊与长廊、趣亭、大御碑亭、光绪御碑亭和藏书楼主楼，总建筑面积约达1750平方米。其藏书楼主楼正中悬挂光绪御书"文澜阁"匾额。

杭州文澜阁，东邻浙江省博物馆，西接中山公园，南临西湖，北依孤山。因当年乾隆皇帝一句"江浙人文渊薮，允宜广布，以光文昭"，文澜阁就此开启自己在杭州的辉煌历史：清乾隆三十七年（1772），纂修《四库全书》，历时十年；乾隆四十七年（1782），圣因寺旁原藏《古今图书集成》的藏经阁改建为文澜

文澜阁

第七章 文澜为首，二开都会繁盛

阁；乾隆四十九年（1784），文澜阁建成；清乾隆五十二年（1787），陆续将誊抄完成的《四库全书》运抵杭州，入藏文澜阁。再之后，咸丰十一年（1861）九月，太平军攻杭州城，文澜阁内部分藏书散失。杭州乡贤丁申、丁丙兄弟合力抢救，收集散失之图书运至上海保存；同治年间（1862—1875），文澜阁藏书运回杭州，继续回收散失之残书；光绪七年（1881），文澜阁重建；1974年8月13日，文澜阁被烧毁，同年大修；1981—1983年，文澜阁重建；1993年，文澜阁大修；2006年3月起，文澜阁建筑残损较为严重，浙江省博物馆负责对文澜阁进行修缮。直到2013年6月8日，文澜阁重新对外开放。

时至今日，文澜阁再次携着可以称为中华传统文化最丰富完备之集成大作的《四库全书》与大家见面。而当年见证了《四库全书》与文澜阁辉煌与动荡岁月的那片琉璃瓦，正安静地躺在浙江省博物馆中。它曾毗邻《四库全书》，也曾徜徉知识之海，心中藏着无数的故事，只待为后人阐述。

清乾隆五十二年（1787）夏，首批誊抄完成的《钦定四库全书》运抵杭州,直达刚建成的文澜阁。

待到《钦定四库全书》第一部分被安放好后,负责整理书目的文澜阁工作人员退出藏书楼。整个文澜阁,渐入静谧。远处,霞光布满西湖山水,雷峰夕照与落霞孤鹜共画长天一色,孤山南麓的文澜阁如一条苍龙静静攀爬在孤山之上,为西湖山水风光平添几分雄浑沉稳。

文澜阁主楼藏书楼牌匾正上方的一片琉璃瓦,在阳光的照射下熠熠生辉,与藏书楼内安放的《钦定四库全书》形成了鲜明的对比。

时光荏苒,岁月如梭,文澜阁在历经辉煌的一段岁月之后,终于也不得不面临一次动荡波折。咸丰十一年(1861)九月下旬,太平军攻入杭州城时,文澜阁因无人管理,部分藏书散失。当时有赖杭州乡贤丁申、丁丙两兄弟,二人合力抢救并收集散失的图书,绕道运至上海保存。

光绪五年(1879)秋,谭锺麟[1]调任浙江巡抚。一日晚饭过后,谭锺麟带着身边的一名随从于西子湖畔散步,走着走着,不知不觉间竟走到了孤山南麓附近。

沿途路径几分萧瑟几分曲折,谭锺麟带着身边的随从继续一步步往前行进。边走,边对身后紧跟着的随从开口:"谭喜,你可知此为何地?"紧跟着谭锺麟的随从谭喜抬头往前张望了几眼,只见远处文澜阁的门厅和藏书楼主楼均隐约可见。只是似许久无人打理,这文澜阁呈现出了几分落败萧瑟之感。抿了抿唇,收回目光的随从双手抱拳,规规矩矩地对自己身前的谭锺麟回复道:"启禀中丞,此处乃是文澜阁地界。"

[1] 谭锺麟(1822—1905),字文卿,谥文勤,晚清政治人物。湖南茶陵人,咸丰进士。历任江南道监察御史、杭州知府、杭嘉湖道等,1879年任浙江巡抚,改定税厘、修理海塘等颇有政绩。

第七章 文澜为首,二开都会繁盛

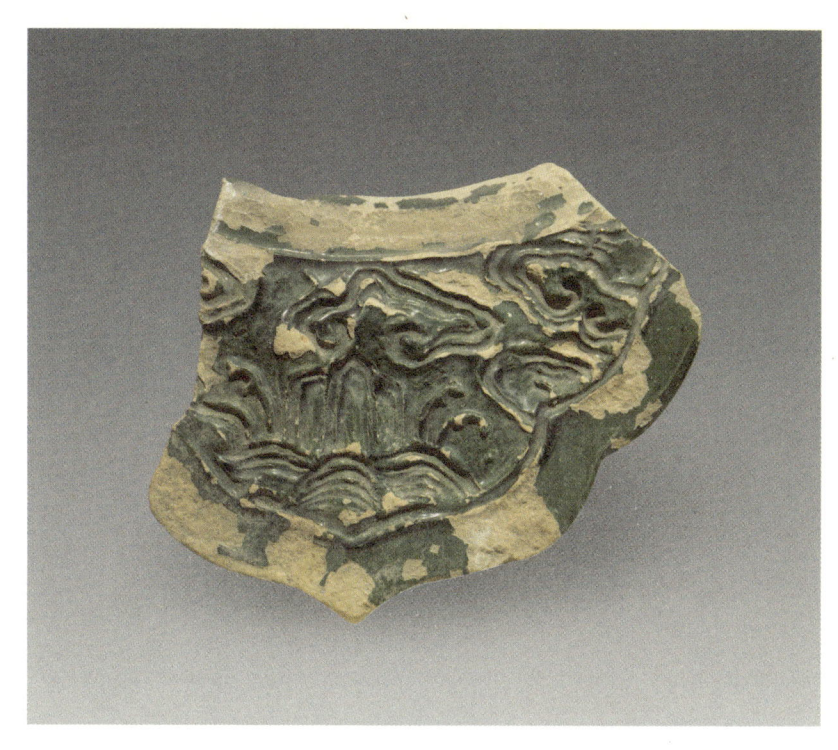

清文澜阁琉璃瓦残件

谭锺麟捋了捋胡须，微微点头，抬眸远眺："是啊，此处乃是文澜阁。文澜阁本为三进院落，有门厅、厢房、门厅前庭院、门厅后假山、御座坊、水池轩廊与长廊、藏书楼主楼……如此典雅的江南庭院建筑却在此时如此落寞萧瑟颓败，实在让本官觉得惭愧。"

谭喜有些不解地开口："中丞，您调任浙江巡抚才几年，这文澜阁又不是因您才成这样的，您惭愧什么呢？"

谭锺麟捋着胡须，抬起头站在文澜阁门厅处，叹了口气："你年轻啊，不会懂。本官已到了知天命的年纪，如今再看经历过波折的文澜阁，便是满心的感慨。曾几何时，这文澜阁如西子湖畔的明珠一般耀眼！圣祖仁皇帝在位时期，国力强盛，康乾盛世时期文澜阁为存放《四库全书》被委以重任！如今文澜阁却如此萧条，我大清国力也不再强盛，这难道不是吾辈的惭愧之处吗？"

顿了顿，谭锺麟复又叹息道："本官自上任浙江巡抚以来，派人去清查管辖区的土地实情，又核实漕平、更定厘税、治浚河道、鼓励商运、修筑炮台……谭喜啊，你可知本官为何要如此？"

谭喜一边跟着谭锺麟往文澜阁内部走，一边低着头小心回答道："大人您是想重现杭州一地的兴盛！"

谭锺麟点了点头，说道："不错！本官想让杭州一带再现圣祖仁皇帝时期的辉煌！如今列强虎视眈眈，内忧外患之际，唯有充盈国库才能有几分转机。江南富庶，尤其是杭州一带，若杭州繁盛则国库充盈之日便可期。魏源所著的《海国图志》曾说：'是书何以作？曰：为以夷攻夷而作，为以夷款夷而作，为师夷长技以制夷而作。'如今要'可师敌之长技以制敌',则必然需要大量的钱财做后盾。"

说到此处,谭锺麟大喘着气站在了文澜阁藏书楼主楼前面,抬起头向上仰望:"文澜阁,是本官心中所念所想所望的神圣之地。如今,就差此地还未好好修缮了!"

谭喜蹙着眉头上前,有些不明白地多问了一句:"大人,这文澜阁所藏《四库全书》并不是外夷的学术著作……"

谭锺麟继续抬头仰望:"但此地是我朝辉煌时期的见证!《四库全书》是一种信仰,是凝聚了祖辈心血的精华著作。所以,文澜阁地位尊崇,它必须要再现光辉之景。"

文澜阁内景

谭喜转头看向谭锺麟："大人，那您打算怎么做？"

谭锺麟望着经历岁月变迁依旧不失恢宏大气的藏书楼，感慨着回了句："本官打算奏禀圣上，重修文澜阁，妥善珍藏《四库全书》。"

谭喜看着此时的谭锺麟，仿佛金光附体，整个人都散发出了一种圣洁的气质。

恰在此时，头顶上阴郁的天空突然降下一束光，金色的光芒穿透层层阴霾直接洒在文澜阁藏书楼的主楼楼顶，一片精致的琉璃瓦穿透灰尘阻碍瞬间熠熠生辉。

谭喜惊喜地伸手指给身边的谭锺麟看："大人您看那琉璃瓦！"

谭锺麟捋着胡须终于露出一丝笑容："这是上天降下的祥瑞！你看那琉璃瓦，经历过百年波折依旧耀眼，就如文澜阁一般，明珠蒙尘只待有人为其擦拭！本官相信文澜阁大放光彩及国泰民安的那一日……定不远矣！"

清光绪七年（1881），文澜阁重建，原址筑阁三层复其旧观，增建二宫门、东西角门、左右边门、待漏房等，并添造假山一座，上有月台、趣亭。谭锺麟实现了自己重修文澜阁并珍藏乾隆皇帝时期《四库全书》的心愿。之后，光绪御碑面世，此光绪御碑位于文澜阁主楼的东侧小碑亭内。光绪御碑正面刻有光绪帝亲题"文澜阁"三个字，碑背面刻有乾隆撰、谭锺麟正书的碑文。而这片曾徜徉知识海洋的琉璃瓦，又一次见证了文澜阁恢复盛景的辉煌时刻。

如今，漂亮恢宏大气的文澜阁依旧安静地伫立在风景如画的西子湖边,而这片守护了历史、守护了人文、守护了《四库全书》又守护了文澜阁的琉璃瓦,其残件进了浙江省博物馆收藏。

第八章

机杼诞生的美,
编织着杭州最高的称谓『天堂』

清杭州织造局织品一组：
红袖织绫夸柿蒂，青旗沽酒趁梨花

清杭州织造局织品一组，现藏于浙江省博物馆。清代朝廷设立了"江南三织造"，分别是杭州织造、苏州织造和江宁织造。三织造局专办宫廷御用和官用各类纺织品。管理各地织造衙门政务的内务府官员，通称为织造。江南三织造局各有特色：江宁织造局擅长织金妆彩以及倭缎、神帛织造；苏州织造局刺绣工艺、缂丝技艺精湛；而杭州织造局的代表织品则是绫、罗、纺、绸等。

明代时，南京、苏州和杭州就有织造局，但后期都停废了。清顺治二年（1645）恢复了江宁织造局，四年（1647）重建了杭州织造局和苏州织造局。

杭州织造，也称为红门局，主要分为织造衙门和织造局。其中织造衙门是织造局官吏驻扎及管理织造局行政事务的官署，织造局是经营管理生产的官局工场。其织染局内分为若干堂或号，设头目三人，名为所官，其下有总高手、高手、管工等技术和事务管理人员，负责督率工匠，从事织造。织造局之下分设三个机房，即供应机房、倭缎机房和诰帛机房，技术分工较细，按工序由染色和刷纱经匠、摇纺匠、牵经匠、打线匠和织挽匠等各类工匠操作，具有工场手工生产组织形式的特点。

清代织造局废除了明代的匠户制度，采取雇募工匠制，还招收工匠的子侄为幼匠学艺后升正匠。另外，杭州织造局还用承值应差和领机给帖等方法吸纳民间

清杭州织造局织品

织造力量，让民户不仅能替官局当差，还可自己营业贩卖织品。如此雇佣方式，灵活多变，最大化地利用了民间织造力量。

此外，杭州织造局的经费来源完全靠工部和户部划拨的官款。清朝时期，杭州织造局的实际费用呈逐年递减的趋势。雍正三年（1725），南三局的实际费用为二十一万三千余两，嘉庆十七年（1812），降至十四万两，展现出清代官营织造工业的规模在渐渐走向衰落。道光二十四、二十五年（1844、1845）起，江宁局和苏州局的生产已经处于缩减和停顿的状态。

杭州织造局建筑原址毁于太平军进攻杭州之时，后因清政府无力维修，至民国后渐渐变成了民居，如今已经难觅踪迹。唯有一条红门局路，似乎还在记录着这段历史。但是在杭州市西湖区花港观鱼公园内的魏庐，有一座杭州织造历史文化馆，还能让我们进一步了解杭州织造局的前世今生。

清咸丰元年（1851），江宁局和苏州局的生产已经停滞，南三局中唯有杭州织造局依旧正常运行且经费充足。毕竟杭州织造局居全国三织造局之首，曾在乾隆嘉庆年间年产量高达四千六百多匹。如今就算是清廷内务府和户部两处的缎匹库存早已饱和，杭州织造局内依旧忙得热火朝天，无数的绫罗绸缎从此织出，成就了杭州织造繁盛的局面。自此，上至朝廷，下至平民百姓，只要是在杭州地界，便总能在集市偶遇上等织品。

这一日，集市上，一位少女正站在一处摊位前吆喝着，摆放在摊位上的正是杭土产绫，也叫柿蒂绫。卖柿蒂绫的少女容颜似清水芙蓉，笑容如花绽放，皮肤白皙、身姿苗条，红色的长袖随意在摊位一旁放置的篮子上方扫过，清脆的吆喝声吸引了一位远道而来的商人的注意："姑娘，你这绫怎么卖啊？"

少女一看有客人，赶忙迎了上去："客官，我这绫卖得不贵，就比隔壁家的贵五十个铜板。"

这位身穿长衫的中年男子转头看了一眼隔壁摊位上摆放的价格牌，挑了挑眉："这还不贵？姑娘，你这卖得不便宜啊！"

少女一听这话，有点急了，赶忙开口解释："客官，我娘可是织造局内的正匠，我这手艺是跟我娘学的。所以这柿蒂绫，①我织得绝对不比那织造局里出来的差！客官，您知道咱钱塘的织造局吧？那可是给上面专门织绫缎的啊！您说说看，我这绫您买回去，是不是都可以留着当传家宝了？您看我这绫的质地色泽……那绝对都是上乘中的上乘！"

商人一看这小姑娘急了，笑了笑，上前仔细端详了下才认真开口回复道："嗯，姑娘的织造的技术确实不错。这些织品，若买回去小心存放，说不定真能当传家宝哦！"

少女一看这单生意可行，赶忙上前帮客人挑选。

商人背着手，就任由面前的小姑娘帮他把选出来的几批织品小心打包起来。

霞光洒过，少女白皙的皮肤与摊位上艳丽的杭绫形成了鲜明的对比。钱塘一地，微风和煦，吹在人脸上就跟那丝绸扫过了似的，让这位旅居来杭的商人微有几分沉醉。

① "杭州出柿蒂，花者尤佳也。"南宋吴自牧《梦粱录》："杭土产绫曰柿蒂、狗脚，……皆花纹特起，色样织造不一。"

清杭州织造局织品一组

不知怎的,商人脑海里不由得想起了香山居士的那首《杭州春望》,想着想着,便不由自主地吟了起来:"望海楼明照曙霞,护江堤白踏晴沙。涛声夜入伍员庙,柳色春藏苏小家。红袖织绫夸柿蒂,青旗沽酒趁梨花。谁开湖寺西南路,草绿裙腰一道斜。"

顿了顿,商人突然笑了起来:"这诗说的……可不就是眼前这一番景象了吗?呵呵,没想到我也学着古人附庸风雅了一回。"

旁边已经接过铜钱并将打包好的杭绫递给商人的少女,笑着上前跟了句:"那客官您可别忘了,去前面的酒家再买二两梨花酒!"

商人很是诧异地看了一眼面前的小姑娘:"小丫头也知道香山居士的这首诗?"

小姑娘有些害羞地挠了挠后脑勺,小心解释道:"那是自然!我们老杭州人怎么可能不知道白使君的诗词?那白使君可是做过我们的杭州刺史嘞!白使君当刺史的时候,修古井、修堤坝,还治理西湖!白使君不仅诗词写得好,还深得民心,是位好官,是大好人!"

商人笑着点点头:"的确如姑娘所说,香山居士无论是诗词还是这做官为人,都极为出色!哦对了,就像姑娘织的杭绫一样,举世无双!"

……

离开集市后,商人捧着手里的杭绫,回想起了曾在史书上看到的对香山居士的评价:"昔建安才子,始定霸于曹、刘;永明辞宗,先让功于沈、谢。元和主盟,微之、乐天而已。臣观元之制策，白之奏议，极文章之壶奥，尽治乱之根荄。非徒谣颂之片言，盘盂之小说。就文观行，居易为优，放心于自得之场，置器于必安之地，优游卒岁，不亦贤乎。"①

感叹了声，商人抬起手里艳丽的杭绫对着天边的霞光望了望，随后开口说了句："这杭绫也如香山居士那般，当真是横绝万世、千古流芳！"商人不得不承认，杭州不仅风景秀丽、民间富庶，那丝绸织品……也确实美得让人沉醉！

① 此段摘自《旧唐书》。

杭罗织机：
纤纤素手过，织造杭罗成

杭罗织机，现藏于中国丝绸博物馆，是专门织造杭罗的机器。杭罗，源自唐代越罗。《越绝书》卷四记载，范蠡为勾践设计复国大计时，提到"劝农桑"。当时越国一带已经能够生产罗、縠、纱等丝织品。《禹贡》也有提到扬州一带有"越罗縠纱"。《阅世编》记载明代便服以"生纱、硬纱、生罗、杭罗"为衣料。据《杭州市志》载：元、明、清时的杭州丝绸中，"罗"一直是主要丝织品种。

杭罗是罗类丝绸的代表品种，特色鲜明，技艺复杂，因产于杭州，故名"杭罗"。杭罗在织造过程中需精致缜密，对工匠的手工技艺要求极高。再加上杭罗工艺复杂，自古而来传人极少。迄今为止，杭州市范围内仅存福兴丝绸厂一家，尚能生产杭罗。杭罗有横罗和直罗两种，具有等距规律的直条形或横条形纱孔，孔眼清晰，穿着舒适凉快。杭罗每隔三根、五根或七根纬线的平纹后，作一次经丝扭绞，可分为三梭罗、五梭罗、七梭罗。根据提花与否，杭罗还可分为素罗和花罗：素罗有二经绞罗、三经绞罗、四经绞罗；提花罗有菱纹罗、平纹花罗、二经浮纹罗、三经绞花罗等。杭罗中具有最高工艺水平的花罗只有都锦生独家生产。杭罗的产地主要在杭州，特别集中在艮山门外一带。历史记载，杭州城东的艮山门外曾经汇集了许多生产杭罗的作坊。

杭罗拥有比较透气、耐穿、耐洗的特性，十分适合多蚊虫又闷热湿热的气候，故常用来做蚊帐、帐幕、裙裤等，比如古籍中常说的"罗帐""罗裙""罗衫"等。若在杭罗上刺绣，其方法则被称为戳纱或者挑罗。杭州的杭罗与江苏云锦、苏缎并称为中国的"东南三宝"，闻名中外。

杭罗织造技艺，于2006年、2007年、2008年先后列入杭州市级、浙江省级、国家级非物质文化遗产名录。2009年9月30日，联合国教科文组织保护非物质文化遗产政府间委员会会议决定："中国蚕桑丝织技艺"入选《人类非物质文化遗产代表作名录》。杭罗织造技艺作为"中国蚕桑丝织技艺"中的重要代表性项目，正式加入"世界非物质文化遗产"名录。

杭东城，机杼之声比户相闻。

——厉鹗《东城杂记》

清康熙年间，杭城东边一带有一户人家，家里有一位美娇娘，人称罗娘子。罗娘子一手漂亮的杭罗织造技艺远近闻名。当时杭州织造局内管理织染机房的所官，亲自带着局里的高手、管工等技术人员上门拜见罗娘子，其意图很明显，就是要挖走这位杭罗织造技艺极为精湛的人才。

这一天，罗娘子家里早已挤满了人。除了所官、管工这些织造局过来的官派人员外，罗娘子家附近前后左右的邻居们也闻声而来看个热闹。

罗娘子穿着一身自己织成的杭罗剪裁的衣裙站在院子里。双手交叠在腹部的罗娘子，看向面前的几位官爷，规规矩矩地行了个礼："官爷大驾光临，有失远迎，万望恕罪！"

所官微微勾唇，眉眼间对于罗娘子的得体很是满意。所官心想："这样的人挖进织造局是再好不过的。谁人不知，京城宫廷里的贵人们最喜的便是我们织造局里精致的杭罗！如此有礼有节，若再有一手漂亮的杭罗织造技能，那这罗娘子的前途当真是不可限量。"

所官想到此，下意识回头看了一眼跟着自己过来的几名管工。几名管工的神色也同这位所官一样，对初见的罗娘子带着几分欣赏。

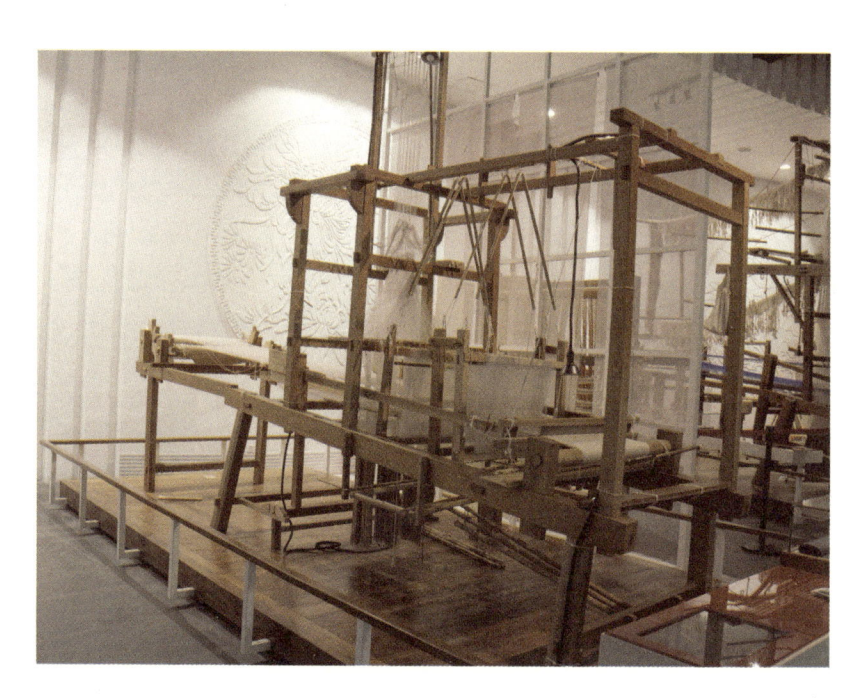

杭罗织机

所官看着面前的罗娘子，微微含笑，低沉中带着几分威严的声音响起："罗娘子客气，是我等前来多有叨扰！本官早有耳闻，罗娘子织杭罗的技艺堪称杭城一绝！不知今日我等是否有幸，能观赏罗娘子亲手织杭罗的技艺？"

罗娘子也知道对方的意思，心里明白所官大人能亲自前来拜访是一种荣耀和肯定。若她这一次被选中进了织造局，地位必然不低，工钱必定不少。多一分钱贴补家用，罗娘子怎会不乐意？于是，罗娘子想都没想就笑着点头："官爷有所吩咐，奴家怎敢不从？官爷且坐在一旁喝杯茶，边喝茶边看奴家织罗。若奴家有疏漏的地方，还望官爷跟几位大人不吝赐教！"

话出口后，罗娘子提着裙摆转身走到身后的窝棚房下，顺势坐到自己最常用的这台杭罗织机前，纤纤素手轻轻抚摸着织机上的蚕丝线，随后沙沙声响，早已准备好的蚕丝开始在杭罗机上穿综、穿筘、穿伽身线……

所官坐在一旁端着茶抿，空隙间看着不远处罗娘子织杭罗。院子外面，侍卫拦住了一众前来凑热闹的左邻右舍，所官对庭院外的喧闹置若罔闻，只是微眯着眼看向坐在那木质杭罗织机前的罗娘子，缓缓开口说道："一卷优质的杭罗，不容易织成。从选原料蚕丝开始，就需要仔细筛选，要检出均匀质地粗细的蚕丝，要将经线纬线仔细区分，还要将筛选好的这些蚕丝加入适量酸液浸泡，还得煮沸这些浸泡的蚕丝一刻多钟，再之后又是十二时辰的清水缸里脱胶。"

顿了顿，所官抿了口茶水看向旁边的一名管工，同样被邀请坐着喝茶的管工极为恭敬地冲所官点了点头，接所官的话继续说道："之后又要将那蚕丝从水缸里捞出挂在竹竿上晾干，还得用手拉扯让蚕丝恢复松软。再之后，还得翻丝成筒，利用纤经车将竹竿上的丝构成经轴，将另一波浸泡过的厂丝放在摇纡车上，构成纬线。到这一步，就能织杭罗了。"

所官点点头，感慨了句："到这一步，才能是我等所看到的样子。可见罗娘子早有准备。"

此时，坐在杭罗织机前的罗娘子，微微停顿擦了把额头的细汗，笑着回了句："咱杭城织造杭罗的人家都是如此这般做的。奴家只是做了该做的事罢了！"

所官听了罗娘子的话，笑着回头望了一眼庭院外面聚集过来的百姓们，点头赞同："是啊！杭罗正是因为如此繁杂细致的工艺流程，才能有'巧夺天工'的名声。"

待到一段时间过去，罗娘子停下手里的动作，沙沙作响的杭罗织机也暂停了运转。

所官放下茶杯起身，带着一众管工上前仔细查看。

已经织成的杭罗虽然还未进行脱胶、漂洗等精炼环节，但其优质工艺已可见一斑。此时所官身旁的管工们纷纷发出倒吸气的感慨声，大家眼神中都是满满的惊艳。

所官伸手摸着罗娘子织的杭罗看了一会儿，眼神中带着几分赞赏，这才开口道："罗娘子织的这片横罗极为齐整，蚕丝选材也不错，粗细均匀。罗娘子这一选丝，二绞综，三水织……做得极为出色，毕竟每一个环节均需用心才能出好的杭罗。尤其是这水织手法非常到位，用作纬线的蚕丝脱蚕胶脱得彻底，这样的蚕丝的确是更加稠密、光滑、均匀。不错！不错！"

杭罗织机

连说两个"不错"后,所官接着说道:"罗娘子的技艺堪称杭东城织罗之首!这等级别的织造技艺,是能够为皇家敬献织品的。罗娘子,织造局若能得你这样的织匠,是织造局之幸!"

罗娘子有几分害羞地低下头,随后轻轻抿着笑冲面前的所官屈膝行了个礼:"大人太客气了!奴家也就凭着祖传的手艺勉强过活。要说这杭罗精致,那应该归功于祖宗们流传下来的技艺好。"

所官点头,对于罗娘子的谦卑更为赞赏:"罗娘子所言不错,杭罗历史悠远,历经千年岁月而绵延不绝。

宋朝时，我们杭罗就已经非常有名。杭罗、杭罗织机的机杼声，会是这座杭城最美的点缀。各位，本官望你们都能用心织罗、用心传承技艺，相信杭罗之名决不会亏待你们！只要各位能织造优质的杭罗，这钱财身外之物都不必再忧虑。"

罗娘子听到此，赶忙上前一步跪拜在了所官面前："大人，奴家斗胆，有个不情之请！"

所官微微一愣，随即抬手示意罗娘子起身："罗娘子起来回话！"

罗娘子双手交握在腹部，有些紧张地站起身，垂头低眸，极为恭敬地说道："大人，杭东城的许多人家织造的杭罗都不比奴家的差。大人，这些优质的杭罗若流到普通的集市上贩卖太过可惜。而杭罗的织造本就极为繁杂，所以奴家斗胆想恳求大人将杭东城优秀的织罗工匠都纳入织造局效力！"

所官微微一愣，随后便爽朗大笑："哈哈，如此便是本官要感激罗娘子了！织造局能得能工巧匠，何乐不为？"

之后，罗娘子顺利进入杭州织造局。因为罗娘子发达还不忘左邻右舍，名声口碑愈发地好。之后，罗娘子在织造局内做了总高手，是织造局内仅次于所官的管理人员。罗娘子在织造局效力其间，又挖掘了一大批杭东城的优秀织罗匠们一起为织造局效力。据说后来，罗娘子带领着一众织罗工匠织造的杭罗进贡给清廷内务府后，被选中为皇上裁剪衣物了。再之后，罗娘子一直用那木质的杭罗织机在杭州织造局内织罗。

杭罗之名与杭罗之技，在罗娘子这样的织造匠人手里，不断地被延伸发展。杭罗，为杭州丝绸的盛名添砖加瓦。而这些自古而来的织罗工匠们，用自己的纤纤素手成就了杭罗。

机杼声，是杭罗织机与杭罗的密语。那构成杭罗的经线纬线，也可描绘天地。若说杭罗织机是一张彰显杭州丝绸历史发展繁盛的明信片，那么杭罗就是构成这张明信片主体的优美诗句！杭罗织机与杭罗一起，为杭州丝绸代言，它们合体书写着柔软的人文历史，用丝滑柔顺书写着杭州！

着色像景《西湖》一组：
山水浸染丝绸上，观之一瞬入西湖

着色像景《西湖》一组，现藏于中国丝绸博物馆。着色像景《西湖》一组分别是《西湖雷峰夕照》《九溪十八涧》《苏堤春晓》。像景织物是丝织人像和风景织物的总称，主要有黑白像景和彩色像景。1918年，都锦生将贾卡式提花机、传统织造工艺与杭州西湖风景相结合，织造出了首幅黑白像景《九溪十八涧》，这被称为是民国时期中国丝织技术的创新标志。

杭州织锦，是中国传统工艺美术的珍品。《东畲杂记》称"杭州机杼甲天下"，五代时，杭州开始出现官营丝织手工业。南宋时期，杭州成为中国丝织业的中心，当时官营锦院规模相当庞大，织机和工匠的数目都极多。据《梦粱录》记载，南宋当时民间丝织作坊开始兴起发展，且民间丝织作坊在当时已经能够织造名贵的绒背锦。这足以表明宋朝时期杭州织锦的迅猛发展。到明清时期，杭州织锦以工巧闻名于天下。1909年，许缄甫在杭州创办了杭州传习所。1913年，杭州传习所改名为浙江甲种工业学校，并设立机织、染织、纹工等专业，引进日本提花机来促进杭锦的进一步发展。1922年，实业家都锦生在杭州创办了都锦生丝织厂。

杭州织锦主要有织锦缎、古香缎和都锦生织锦三种。需要提到的是，都锦生织锦是杭州织锦的独特创新品种。中国早期的丝织像景，都来自杭州都锦生丝织厂。都锦生最开始利用了丝绸织造和织物组织的原理，对意匠组织点的绘法进行了研究改进，终于织成黑白风景照相织物。这种方法织造的织物，图象明暗层次极富有变化，酷似照片，极为写实，在当时独具一格，开始风靡，渐渐成为了远近闻名的丝织工艺品。另外一种区别于黑白像景的彩色像景，分为两种：一种是仿效照片着色，在丝织像景上加局部或者全幅的着色；另外一种则是用彩色织造的方法，画面不仅只是人像和风景，还可以是国画水墨特色的织品。

另两种分类中，织锦缎因其质地柔软、光泽明亮、色彩绚烂以及手感颇佳的特点，一直扮演着妇女服装面料中上品的角色，被亲切地称为"丝绸皇后"；古香缎则是织锦缎派生的一种品种，常见制作有亭台楼阁、仕女图、风景图等，颇具特色。

提到杭州织锦，还得说一说杭州机神庙。机神庙在杭州丝绸发展史上扮演着非常重要的角色，它不仅仅是历代工匠们祭祀行业先祖的信仰之地，还扮演着丝绸行业同行们联络点的角色。杭州机神庙共有三座：上机神庙在涌金门三桥址，中机神庙在东园巷，下机神庙艮山门外闸弄口。其中，以中机神庙祭祀机神最多，且规模最大。

《杭州府志》曾记载，"轩辕黄帝"庙即机神庙，建于雍正年间，乾隆三十九年十月因额圮，而里人重加兴建。咸丰毁，同治重建。据《杭州重建观成堂记》碑文记载："昔褚河南（遂良）之孙名载者，归自广陵（杨州），得机杼之法，而绸业以张。"从北宋至道元年（995）开始，东园巷艮山门一带一直是杭州丝绸零机户相对集中的地方，清厉鹗《东城杂记》曰："杭东城，机杼之声比户相闻。"

东园巷机神庙内原置有石碑六通，记录了清道光二十五年（1845）和光绪三十年（1904）杭州机坊织匠与机坊主斗争的情况。1962年，东园巷机神庙被公布为浙江省文物保护单位，1983年11月，东园巷小学建教学大楼时拆除原庙，其中五块石碑运至杭州孔庙的碑林中保存，另一块石碑仍嵌在围墙内。

20世纪60年代前后，丝织像景技术又有了新的发展：具有立体感的浮雕型彩色像景问世。但无论丝织像景如何发展变化，人们都不会忘记杭州织锦的辉煌发展史，也不会忘记曾记录这段杭州织锦发展史上重要节点的着色像景《西湖》一组。

1919年的某一天，都锦生正坐在家中喝着妻子宋氏泡的龙井，夫妻二人难得有闲暇时光，便在家中庭院里坐着闲聊。

都锦生看着手中的茶杯，望着水中上下起伏的龙井茶叶，叹了口气，对着身旁藤椅上坐着的妻子宋氏开口道："如今我虽留校任教，但心中却憋闷烦躁！"

旁边穿着丝绸旗袍的宋氏，一手端着茶杯，一手轻轻捏着杯子边沿轻轻吹了吹，抿了一口茶后，才开口回道："锦生，为妻应该猜到了些许缘由。"

都锦生挑了挑眉，有些诧异地看向自己的妻子宋氏："哦？说说看！"

宋氏抿了抿唇,将茶杯置于一侧的藤桌上,然后看向自己的丈夫都锦生,认真地说道:"四年前,袁震和丝织厂的《西湖十景》织锦在巴拿马太平洋博览会上展出,还夺得了金奖。这可是国际金奖,在这个动乱的世道,这件事当真是给杭州添了光彩、给杭州织锦添了光彩。夫君也是杭州织造业的厉害人物,自然心向往之!"

都锦生点了点头,心中已然知道自己妻子定是猜中了自己的想法,便开口接着说道:"是啊!只是可惜,

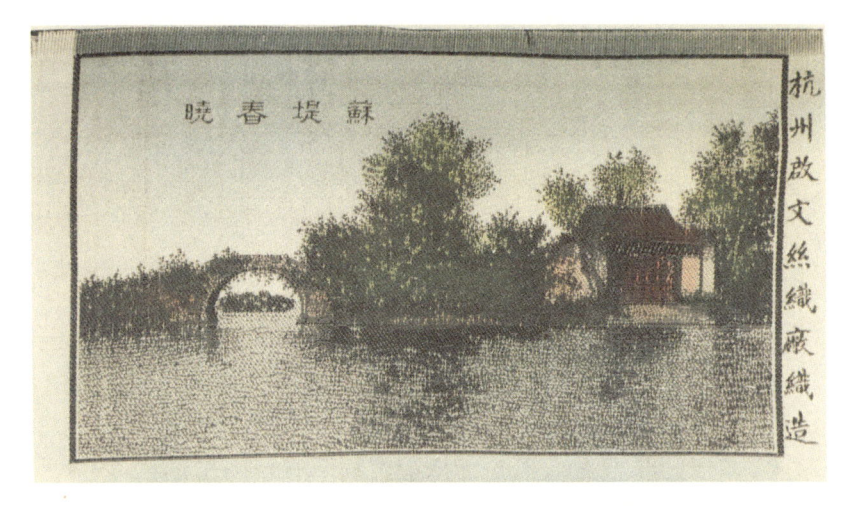

着色像景《西湖》一组

其中九幅织锦却在战乱中失去了踪迹，这当真是令人心痛。如今民间疾苦、百废待兴，若杭州丝织品能够走出国门走向世界，定然能为杭州一带的百姓带来巨大的经济收益！至少这些丝织工匠们的日子，会好过很多！"

宋氏看着都锦生，叹了口气，说了句："恐怕让你真正心痛的，是不能自己亲自将杭州织锦发扬光大吧？"

都锦生勾了勾唇，侧眸很是赞赏地看了自己的妻子宋氏一眼，将手中的茶杯也搁置在一旁，复又开口说道："为夫打算亲自尝试织造《西湖十景》的像景画。若能成功，必然能震动整个丝织业！"

宋氏伸出手，覆在都锦生放在藤桌的手上，眼神中带着温和笑意："身为你的妻子，只能毫无保留地支持了！若这《西湖十景》像景画真能成功，也就不辜负我们为杭州织锦添砖加瓦的这份赤诚之心了！"

随后不久，都锦生便在教学实践中织造成了第一幅丝织风景画《九溪十八涧》，且轰动一时。西湖风景与杭州丝织的完美结合，呈现出了最佳的艺术效果。看过的人，对此都赞不绝口。都锦生由此受到鼓舞和启发，继续砥砺前行，在亲戚宋春源与钱庄宋锡九支持下，都锦生购置了一台手拉机，雇工人一名，由都锦生妻子宋氏兼管原材料和财务。自1922年5月15日开始，都锦生在茅家埠家中办起都锦生丝织厂，开工织造丝织风景画。1926年，都锦生在艮山门外购地10多亩，建造新厂房，继续扩大生产，将杭州织锦推向世界！

自此，都锦生织锦烙印在了杭州丝绸的华丽篇章之上！如今故人远去，而着色像景《西湖》一组继续用自己的精美向我们诉说着杭州织锦发展史上曾有的这段辉煌故事。历史是有记忆的，这些记录着先贤祖辈智慧与心血的杭州文物，用它们的身与魂静静地积攒着一段段岁月时光中的闪光点，只待后人开启时，便能展现出耀眼的光辉！

参考文献

1. 洪波：《越窑青瓷烧制技艺》，《浙江档案》2014年第2期。
2. 程万里：《汉代铜镜中的四神纹饰研究》，《美术观察》2008年第2期。
3. 郭永利：《汉代铜镜上的相思铭文赏析》，《丝绸之路》2000年第S1期。
4. 谷衍奎：《汉字源流字典》，语文出版社，2008年。
5. 刘润泽：《运筹谋略》，中国人民公安大学出版社，2011年。
6. 黄仁生：《杨维桢与元末明初文学思潮》，东方出版中心，2005年。
7. 徐永明：《宋濂年谱》，浙江大学出版社，2011年。
8. 本书编委会编：《杭州简史》，杭州出版社，2016年。
9. 〔宋〕欧阳修：《新五代史》，中华书局，1974年。
10. 〔宋〕薛居正：《旧五代史》，中华书局，1976年。
11. 〔元〕脱脱：《宋史》，中华书局，1977年。
12. 〔清〕黄宗羲：《宋元学案》，中华书局，1982年。
13. 〔宋〕范坰、林禹：《吴越备史》，中华书局，1991年。
14. 〔五代〕刘昫：《旧唐书》，中华书局，1975年。
15. 〔宋〕欧阳修：《新唐书》，中华书局，1975年。
16. 〔宋〕司马光：《资治通鉴》，中华书局，1956年。
17. 〔春秋〕孙武：《孙子兵法》，中华书局，2001年。
18. 〔宋〕吴自牧：《梦粱录》，浙江人民出版社，1984年。

丛书编辑部

艾晓静　包可汗　安蓉泉　李方存　杨　流
杨海燕　肖华燕　吴云倩　何晓原　张美虎
陈　波　陈炯磊　尚佐文　周小忠　胡征宇
姜青青　钱登科　郭泰鸿　陶文杰　潘韶京
（按姓氏笔画排序）

特别鸣谢

仲向平　方龙龙　盛久远（系列专家组）
魏皓奔　赵一新　孙玉卿（综合专家组）
夏　烈　李杭春（文艺评论家审读组）

供图单位和图片作者

于广明　武　超　徐昌平　韩　盛
中国丝绸博物馆　良渚博物院　杭州博物馆
浙江省博物馆
（按姓氏笔画排序）